# शब्द-पुरुष अज्ञेय

(यात्रा-वृत्त)

[रचनाकाल : १९८९]

# शब्द-पुरुष अज्ञेय

श्रीनरेश मेहता

लोकभारती प्रकाशन
पहली मंजिल, दरबारी बिल्डिंग, महात्मा गाँधी मार्ग, इलाहाबाद-1

**लोकभारती प्रकाशन**
पहली मंजिल, दरबारी बिल्डिंग, महात्मा गाँधी मार्ग
इलाहाबाद-211 001
वेबसाइट : www.lokbhartiprakashan.com
ईमेल : info@lokbhartiprakashan.com
**शाखाएँ** : 1-बी, नेताजी सुभाष मार्ग, दरियागंज
नई दिल्ली-110 002
अशोक राजपथ, साइंस कॉलेज के सामने
पटना-800 006 (बिहार)

**संस्करण** : 2012

**मूल्य** : ₹ 150



इण्डियन प्रेस प्राइवेट लिमिटेड
इलाहाबाद-211002 द्वारा मुद्रित

SHABD-PURUSH AJNEYA
by Shrinaresh Mehta

ISBN : 978-81-8031-713-2

श्री अशोक वाजपेयी को

# भूमिका

कह नहीं सकता कि व्यक्ति और विषय की महनीयता की दृष्टि के उपयुक्त कुछ भी सार्थक कहना हो सका या नहीं। ऐसा लगता है कि थोड़ा-बहुत आत्मीय स्मरणभर ही हो सका होगा। इस स्मरण शब्द से ही मन में न जाने कितनी गूँजें, प्रतिगूँज बनकर आप्लावित किये हैं। सच तो यह है कि आत्मीयता, एक ऐसा वलय है जो अन्तर-बाह्य घेरे-कसे रहती है। छवियाँ और शब्द बनकर जहाँ वह नित्य उपस्थित रहती है वहाँ वह बाह्य जीवन में प्रसंगों की माधवी बन अहोरात्र पुकारती होती है। कभी-कभी तो ऐसा भी लगता है कि वे वर्ष ही शायद सुखद थे जब हम प्रति-उपेक्षा के विन्ध्याचल के विपरीत छोरों पर वर्षों असंग खड़े थे, तब न राग था और न कोई आत्मीय सम्बन्ध; परन्तु जीवन के अन्तिम दशक में जैसी निकटता हुई उसे हठात् खो देना कितना त्रासद है कि आज साहित्य और जीवन का सारा स्वाद ही तुरा गया है। कितने कम लोग होते हैं जिनका बीतना अपने बीतने-जैसा लगता है। वात्स्यायनजी की निकटता आत्मीय बनकर ऐसी गहरायेगी यदि यह जानता होता तो उपेक्षा के विन्ध्या लाँघता ही क्यों? वस्तुतः वात्स्यायन मेरे लिये एक साहित्यिक व्यक्तित्व या औपचारिक नाम ही नहीं है बल्कि एक सम्पूर्ण सर्जनात्मक अनुभव-जैसा है और शायद इसीलिए उनके सर्जक-व्यक्तित्व को लेकर थोडी साफगोई से कुछ कह सका हूँ वर्ना सामान्यतः साफगोई कोई अच्छी चीज या समझदारी नहीं होती। अस्तु—

वैसे यह कहने की भी कोई खास आवश्यकता नहीं कि इस आलेख का सारा श्रेय भाई अशोक वाजपेयी को ही जाना चाहिए और जो कि जाता भी है। इति नमस्कारान्ते

१९ जनवरी, '८९

९९-ए, लूकरगंज, इलाहाबाद

सबसे पहले मुझे भारत-भवन के प्रति औपचारिक नहीं, वरन् हार्दिक आभार व्यक्त करना चाहिए। इसलिए नहीं कि यह समागत सामान्य सौजन्यता या शील है बल्कि औचित्य की दृष्टि से भी जरूरी है, और वह यह कि जो न तो दूर-दराज तक आलोचक ही है, न अज्ञेय के मान्य अथवा प्रामाणिक प्रशंसकों में है और न ही उनका आत्यन्तिक विरोधी, भला उस मुझको 'अज्ञेय' के बारे में कुछ कहने का अवसर दिया, तो आभार प्रदर्शन के औचित्य का क्या यह कारण नहीं होना चाहिए? साथ ही मैं यह भी जानता हूँ कि आभारी होना, छोटा होना नहीं होता बल्कि मूल्यवान् होना होता है। वैसे मैं बहुत आश्वस्त नहीं हूँ कि इस अपेक्षा की रक्षा कितनी-कुछ हो सकेगी क्योंकि मैं अपनी सीमाओं और पात्रता से पूरी तरह अवगत हूँ, साथ ही अपनी स्थिति से भी कि मैं वात्स्यायनजी का समकालीन जरूर हो सकता हूँ परन्तु मूल्यांकन कर सकने का दावेदार तो नहीं ही, हाँ, उन्हें समझना अवश्य चाहता हूँ।

मैं स्वत: भी वात्स्यायन पर लिखने की बराबर सोचता रहा हूँ। वर्षों-वर्षों इलाहाबाद में काफी-हाउस के बाद देर रात तक सिविल-लाइन्स के उन सघन प्राचीन कद्दावर पेड़ों के लटकते सुनसानों में, आगे-पीछे दौड़ती अपनी ही छायाओं को कुचलते हुए प्रतिदिन पत्थर-गिरजा के फेरे लगाते सर्वश्री विजयदेवनारायण साही, लक्ष्मीकान्त वर्मा, केशवचन्द्र वर्मा, रामकमल राय, सत्यप्रकाश मिश्र आदि के साथ कौन-कौन-से कुलाबे नहीं मिलाये जाते रहे। या फिर इधर तीन-चार वर्षों मे उज्जैन में डा० पवनकुमार मिश्र, प्रमोद त्रिवेदी या अंग्रेजी के प्रोफेसर श्री ब्रह्मगोपाल टण्डन से आये दिन की चर्चाओं में घूम-फिरकर वात्स्यायन अनिवार्यत: आ जाते रहे हैं। ऐसे में केवल लोगों को ही नहीं बल्कि स्वयं मुझे भी कौंधता रहा कि क्या वात्स्यायन पर मैं भी कुछ ऐसा कह सकता हूँ जो कम-से-कम अपनी दृष्टि में तो निरपेक्ष हो ही? एक समय तो श्री शैलेश मटियानी अपनी पत्रिका

'जनपक्ष' का पूरा अंक ही इस हेतु निकालने के लिए उद्यत थे। सन् १९८४-८५ में 'लोकभारती प्रकाशन' ने वात्स्यायनजी की सहमति लेकर कितना चाहा कि एक लम्बी भूमिका के साथ मैं उनकी कविताओं का एक संकलन तैयार कर दूँ। वात्स्यायनजी से बातें करने पर मुझे भी लगा कि वह भी उत्सुक हैं। प्रस्ताव शायद फलीभूत भी हो जाता परन्तु कुछ आकस्मिक पारिवारिक दायित्वों के आ जाने के कारण तथा उसी वर्ष प्रेमचन्द सृजनपीठ पर उज्जैन आ जाने की वजह से यह योजना खटाई में पड़ गयी। पर इस वर्ष अप्रैल, '८८ में इलाहाबाद से लौटते हुए जब भोपाल आया और अशोकजी से दूसरी-दूसरी चर्चाओं के बीच वात्स्यायन पर कुछ लिखने की बात आयी, तो मुझे लगा कि शायद अब लिखा जा सकता है। लिखने की इस अनिवार्यता के पीछे जो तर्क उभरा, वह यह कि ये गत चालीस-पचास वर्ष केवल वात्स्यायन की ही सर्जनात्मक यायावरी या सक्रियता के नहीं हैं बल्कि हमारी समूची पीढ़ी की भी स्वप्नशीलता और सक्रियता के हैं, और निश्चित ही इस काल-खण्ड के अधिकांश लेखकों के तेवरों, उठापटक और धमाचौकड़ी का व्यक्तियों के अलावा यदि कोई स्थान साक्षी रहा है, तो वह एकमात्र इलाहाबाद ही है।

वस्तुत: व्यक्तियों की तरह ही शहरों की भी आयु होती है और वे भी बीतते हैं। आज का इलाहाबाद, कल का बीता हुआ इलाहाबाद है। इसलिए शायद उन लोगों को असुविधा होती है जो उस कल के इलाहाबाद के समय में आज भी रह रहे हैं या रहना चाहते हैं, खैर। यह शहर कमोबेश वैसे तो सदा से ही राजनीति की भी धुरी रहा है परन्तु चालीस से सत्तर के बीच तो यह मुख्यत: साहित्य का ही धुरी-शहर था। भले ही वहाँ के बड़े-बड़े बँगले सपरू या कक्कड़-जैसे दिग्गज विधि-पण्डितों के रहे हों या वहाँ की एकान्त लम्बी सड़कों पर अपना नाम टँकवाये राजनीतिज्ञ अपनी उपस्थिति दर्ज करवाते रहे हों पर शहर की आत्मा तो निराला-पन्त-महादेवी से लेकर हेकड़ीबाज परिमलीय कलमसाज और जड़भरत प्रगतिशील लेखक ही थे। लेकिन उतार के इन पिछले पन्द्रह वर्षों में यह शहर जिस प्रकार क्रमश: और वह भी क्षण-क्षण दलदल में धँसते जाने की क्रूर प्रक्रिया में छीजा, टूटा और आज विलीन हो जाने के कगार पर है, यह देखना कितना भयावह और त्रासद है, इसे वही जान सकता है, जो प्रायद्वीपवाले इस शहर के विशाल, बूढ़े पेड़ों के सुनसानों

और विक्टोरियन लाल बड़े बँगलों की सम्भ्रान्तताओं के बीच निर्जन एकान्त सड़कों पर एक संकल्प, एक स्वप्न और एक सक्रियता बनकर रहा हो या गुजरा हो। व्यक्तियों की तरह इतना अधिक किसी शहर का आप में उतर जाना कितना त्रासद होता है, बल्कि खतरनाक भी, इसे दूसरा कोई नहीं समझ सकता। वात्स्यायन का भी इस शहर से खासा लगाव था। एक समय वह यहाँ रहे भी और फिर प्रायः आते-जाते रहे। पिछले दिनों उनके भीतर भी इस बीते शहर के टूटेपन की कराह सुनी जा सकती थी, पर मौन।—आज जब मैं घर के नाम पर, कल के इस 'साहित्यिक-मक्का' इलाहाबाद जाता हूँ, और हर दूसरे-तीसरे महीने जाता ही हूँ, तो शंकरगढ़ के आगे विन्ध्या के अन्तिम पथरीलेपन को उतरकर जैसे ही यमुना-ब्रिज आता है और क्षितिज में मकानों की एक लकीर-सी खिंची दिखने लगती है जो किले पर जाकर गाँठ बन जाती है तो लगता है जैसे आपके भीतर के काँच पर किसी ने हीरे लगी कलम से एक रेखा खींच दी और आपका एक हिस्सा निःशब्द हमेशा-हमेशा के लिए अलग हो गया। घर लौटने का सारा उत्साह, सुख-जैसे एक विषाद में परिवर्तित हो जाता है, क्यों? ऐसा लगता है, जैसे दाहकर्म के बाद श्मशान भी आपके साथ-साथ चुपचाप चलते हुए आया और आपके साथ ही घर में प्रविष्ट हुआ।—दो मेधावी महानदियों के बीच बाँधों से बँधा-घिरा कल तक एक नायाब शहर यहीं कहीं तो था, वह क्या हो गया? क्या चालीस वर्षों की हमारी इस यात्रा को इसी अशौच या इसी निरीहता में ही पहुँचकर रीत जाना था?—क्या वह तीर्थरूप इस शहर का तप था जो भ्रष्ट हो गया? तपोभ्रष्ट व्यक्ति की तरह तीर्थभ्रष्ट एक शहर!! सच तो यह है कि उस इलाहाबाद का उजड़ना, साहित्य का, साहित्य की केन्द्रीयता का उजड़ना था जिसका कि स्थान कालान्तर में न तो दिल्ली ही ले सकी और न ही आँख खोलता आपका यह रम्य शहर भोपाल। —तो, अशोकजी के इस प्रस्ताव के साथ न जाने कितने व्यक्ति, सन्दर्भ, प्रसंग और अफरातफरियाँ क्षणान्त में कौंध गये और नीमबेहोशी की मानसिकता में मैंने 'हाँ' भर दी।

उज्जैन लौटकर जब सिलसिलेवार और वह भी एक साथ, बल्कि एकमुश्त वात्स्यायनजी को पढ़ा तो पुरानी अवधारणाओं पर कई नये प्रश्नवाचक चिह्न लगने शुरू हुए और लिखने का संकल्प ही गड़बड़ाने

लगा। मन तो हुआ कि अस्वीकार लिख भेजूँ। मैं ऐसा कर सकता था, बल्कि करना भी चाहिए था, पर कर नहीं सका। ज्यादा अच्छा तो यह होगा कहना कि करने नहीं दिया, पर किसने? एक तो अशोकजी की आत्मीयता ने तथा दूसरे शायद उन चालीस वर्षों ने, जो उस उजड़े दयार-जैसे शहर; जिसे अब भी इलाहाबाद कहा जाता है, की भीड़भरी सड़कों और बहुमंजिली इमारतों के उभरते जंगल में अनाम बने या तो अप्रासंगिक घूम रहे हैं या वृद्ध हो रहे हैं। मुझे लगा कि इनका भाषाहीन बनकर खो जाना अपने भीतर के उस अपने-आपका खो जाना होगा जिसे दुबारा नहीं प्राप्त किया जा सकता। इस साहित्यिकता को भाषा या अभिव्यक्ति के अभाव में इस शहर में अनाथ मरने देने पर क्या कभी अपने-आपको माफ किया जा सकेगा, और क्या हमारी ही कुछ पहचान सम्भव हो सकेगी वह भी लेखक के रूप में?

सबसे बड़ी कठिनाई तो यह आयी कि स्वयं वात्स्यायनजी की ही कुछ महत्त्वपूर्ण पुस्तकें उपलब्ध न हो सकीं। साथ ही उन पर जिन लेखकों-आलोचकों ने जो लिखा उनमें से भी कुछ को प्राप्त करना समस्या बन गया। अन्य आलोचनात्मक पुस्तकों के अलावा जैसे डा० रामकमल राय ने वात्स्यायनजी की जो जीवनी 'शिखर से सागर तक' लिखी है, उसे भी देख जाना चाहिए था पर ऐसा सम्भव न हो सका। इसके अलावा स्वयं उनका लेखन ही इतना विशद, विपुल और विविध है कि उस सब पर कुछ भी सम्यक् कहने के लिए व्यक्ति का मुख्य रूप से आलोचक तथा बहुज्ञ होना भी नितान्त जरूरी है। बिना दृष्टि सम्बन्धी परिपक्वता और साहित्यिक निष्णातता के किसी के भी बारे में कुछ भी सार्थक कहना कठिन होता है। इसके अलावा उन सारे विदेशी साहित्यों, मिथकों की परिचिति भी जरूरी है जिनसे वात्स्यायन वैचारिक धरातल पर तथा सर्जनात्मक स्तर पर भी प्रभावित रहे हैं या जिनकी स्पष्ट अनुगूँजें वैश्विकता या आधुनिकता के नाम पर उनमें हैं। इन सारे स्रोतों की जानकारी वात्स्यायन के सन्दर्भ में अनिवार्य है। इन्हीं सब कारणों से और अपनी सीमाओं को जानने की वजह से भी मैं उन पर लिखने से संकोच करता रहा परन्तु अन्ततः उसका निर्वाह नहीं कर सका और नतीजा हुआ कि, तौबा टूटी। मलाल, तौबा टूटने का उतना नहीं जितना कि निदान न मिलने का। मगर इस खतरनाक मुहाने तक किसी और के द्वारा नहीं बल्कि अपने पैरों ही चलकर पहुँचा हूँ इसलिए यही

कह सकता हूँ कि अब निरवलम्ब भाव से जितना, जैसा और जहाँ तक हमारी पीढ़ी की सर्जनात्मकता के इस प्रशान्त-सागर में पैठना सम्भव होगा, होगा, वर्ना डूबना तो कहीं गया नहीं। अस्तु—

जब भी हम किसी ऐसे रचनाकार को पढ़ते हैं जिसका कि रचनावृत्त और साहित्यिक सक्रियता का फलक एक प्रदीर्घ अवधि और विभिन्न क्षेत्रों, विधाओं को समेटता तथा प्रभावित कर रहा होता है तब कई तरह की कठिनाइयाँ उत्पन्न होने लगती हैं। हम पाते हैं कि विस्तृत कालक्रम में फैला उसका सृजनात्मक व्यक्तित्व परिणति के जिन दो सुदूर छोरों पर है, वे विपरीत-जैसे लग रहे होते हैं। इसी प्रकार रचनाकार की दृष्टि और मान्यताओं में भी लम्बा अन्तराल आ जाने के कारण अन्तर्विरोध-जैसा दिखलायी देता है। ऐसी स्थिति में आप इसे विकास कहना चाहेंगे या छीजना? वैसे विकास के लिए अन्तर्विरोध जरूरी भी हुआ करते हैं क्योंकि सृजन की यही गतिशील प्रक्रिया है। एक प्रश्न यह भी उठता है कि इस अन्तर्विरोध में आधुनिक साहित्य की प्रयोगधर्मिता का भी क्या कुछ हाथ है? यदि है तो कितना? साथ ही यह भी विचारणीय है कि वात्स्यायन के पहले भी लोगों ने विशद, विपुल लिखा है, पर चूँकि प्रयोग का ऐसा स्वरूप, ऐसी अनिवार्यता या प्रयोग के लिए प्रयोग-जैसी स्थिति तब नहीं हुआ करती थी इसलिए उनमें सतत प्रवाहमयता की एक सीधी रेखा खींची जा सकती थी और सम्प्रेषण तथा सम्यकता का बोध बनता था, परन्तु आज रचावगत समरसता या दूसरी अनेक बातों के अभाव के कारण जो अस्पष्टता उभरती है उसके कारण क्या काव्य-बोध के सम्प्रेषण, साधारणीकरण और निष्पत्ति पर भी प्रभाव पड़ा या क्या कुछ अन्तर आया?

हम सब जानते हैं कि वात्स्यायन ने सभी विधाओं में लिखा है। उनका यह लिखना केवल औपचारिक या उस विधा में अपनी मात्र उपस्थिति दर्ज करवाना भर नहीं है, नाटक के क्षेत्र को छोड़कर, बल्कि अपने सामर्थ्य के

कारण वह जिस प्रकार प्रमुख कवि हैं, उससे कम महत्त्वपूर्ण वह उपन्यासकार या कहानीकार नहीं हैं। यह एक सामान्य नियम है कि किसी वस्तु को ठीक-ठीक देखने-परखने की दूरी का निर्णय उस वस्तु, स्थिति या व्यक्ति के आकार-प्रकार पर निर्भर करता है। मुझे लगा कि मेरे देखने-परखने और वात्स्यायन के समग्र लेखन और बहुआयामी व्यक्तित्व के बीच जैसी और जितनी दूरी अपेक्षित है, वह शायद अभी नहीं बनी है। समग्र वात्स्यायन को ऐसे और इतने जल्द नहीं देखा-परखा जा सकता, या जाना चाहिए, कम-से-कम मुझमें तो यह सामर्थ्य नहीं ही है। अत: इस स्थिति में चयन ही एकमात्र रास्ता हो सकता था, इसलिए उनके गद्यकार को सर्वथा छोड़ देना पड़ा, तात्पर्य यह कि उसकी प्रतीति बनी रहे, बस। वैसे ठीक ही है, मैं कोई आलोचक तो हूँ नहीं कि जिसे वात्स्यायन का साहित्यिक स्थान निर्धारित करना है। मेरी तो मात्र यही चेष्टा है कि वात्स्यायन के माध्यम से पचास वर्षों के उस कालखण्ड को थोड़ा खँगालना और तत्कालीन तेवरवाली अपनी उस समकालीनता की सर्जनात्मक कद-काठी को भी यथासम्भव पहचानना, जो इतिहास बनने की ओर कदम बढ़ा चुकी है।

वात्स्यायन का कवि-रूप भी इतना विस्तृत और व्यापक है कि उसके परिवृत्त में हिन्दी-कविता के पूरे पचास वर्ष प्रभावित और स्वरूपित हुए हैं। इसको समेटना भी एटलस का आकाश उठाना-जैसा ही है। वस्तुत: कई विभिन्न व्यक्तित्वों के समुच्चय या संपुंजन का नाम वात्स्यायन है। स्वयं उन्होंने 'आत्मनेपद' में अपने विविध 'विराट्' रूप की जो रोचक झलक दी है उससे भी यही लगता है कि वह व्यक्ति के रूप में इतने अधिक कई व्यक्ति हैं कि जिज्ञासा होती है कि वह क्या नहीं हैं? या, और क्या होना छूट गया है? उनके इन विभिन्न व्यक्तित्वों से कमोबेश इस अवधि के अधिकांश साहित्यकार जुड़ते रहे हैं। दिलचस्प के साथ-साथ यह विडम्बना ही है कि उनके सम्पर्क में आकर लोगों की तीन ही प्रतिक्रियाएँ होती रहीं—प्रशंसा, विरोध या असंग तटस्थता। भला ऐसे चुम्बकीय व्यक्तित्व को कैसे नजरअन्दाज किया जा सकता है जो अपने जीवन के अन्तिम क्षण तक हिन्दी साहित्यकारों के लिए किसी-न-किसी प्रकार को मनोग्रन्थि बना रहा—

मिलता किसी-किसी को है, ये इल्म, ये हुनर
जाना किसी भी रोज नहीं, पे आना कभी-कभी। अस्तु—

यह भूमिका समाप्त करने के पूर्व यह कहना भी जरूरी है कि मेरा इस मान्यता में विश्वास रहा है कि जिसकी भी चर्चा की जाये, भले ही आप उससे सहमत न हों, पर जब आप उसकी चर्चा कर ही रहे हैं तो यह नैतिक जवाबदारी हो जाती है बल्कि हो जानी चाहिए कि प्रमुखता उस रचनाकार को ही दें, अपने को नहीं। आपका होना, उसके दिखने या होने में बाधक तो नहीं ही होना चाहिए। अपने राग-द्वेष पर खड़े होकर कुछ भी कहने, फिर चाहे वह विरुद हो या विरुद्ध, का कोई अर्थ नहीं। सर्वथा स्तुति या पूर्ण तिरस्कार दोनों ही अतियाँ हैं, इसलिए विषयान्तर हैं। वास्तविकता तो यह है कि कोई, किसी दूसरे के साथ न तो सर्वथा सहमत ही हो सकता है, और न ही असहमत। बड़े-से-बड़ा रचनाकार भी सर्वथा हमारी अपेक्षाओं के अनुरूप हो ही नहीं सकता, बल्कि होना भी नहीं चाहिए। सबके अपने-अपने भिन्न अक्षांश-देशान्तर होते हैं, इस कारण भेद या भिन्नता अनिवार्य हैं और यही सबकी अपनी-अपनी जीवन्तता है। फलतः जब हम किसी रचनाकार को देखते हैं तो देखने का क्रम हमें रचनाकार की ओर से ही आरम्भ करना चाहिए, न कि अपने छोर से। कोई भी सच्चा कलाकार विरुदावली की अपेक्षा सही-सही देखा जाना ही पसन्द करेगा या करना चाहिए। यदि देखने और समझने के लिए किसी प्रकार का पूर्वग्रह आवश्यक ही हो, तो वह भी उस रचना या रचनाकार का ही होना चाहिए, न कि आपका। आपका काम आयोजना का है, निर्देशन का नहीं। जो जितना बड़ा या महत्त्वपूर्ण रचनाकार होता है उसके साथ प्रियता-अप्रियता का मीजान बैठालते चलना भी एक खासी दुष्कर प्रक्रिया होती है, जो आते-जाते ही आती है।

वात्स्यायन कई प्रकारों से और कई कारणों से, साहित्यिक भी और साहित्येतर भी, तीव्र आकर्षण, घोर विकर्षण या निरन्तर विवाद के केन्द्र रहे हैं। इसलिए हम सबके पास अपना-अपना प्रिय या अप्रिय एक वात्स्यायन होगा और जो, इस आलेख के सुनते समय और सम्भव है बाद में इसे पढ़ते समय भी आपमें-हममें क्रिया-प्रतिक्रिया को जन्म दे। मेरी तो कुल इतनी ही चेष्टा है कि यदि मैं पूरी तरह अपने राग-द्वेष नहीं समाप्त कर सकूँ, जो कि शायद नहीं कर सकता, तो अपने पूर्वग्रह की इतनी और ऐसी हास्यास्पद धुन्ध तो नहीं ही पैदा होने दूँ कि जिसमें चीजें इतनी धुँधला जायें कि मैं उसकी आड़ लेकर हिमालय को गाँव का डूँगर घोषित कर

मन-ही-मन सन्तुष्ट हो लूँ कि—बच्चू! बहुत हिमालय बनते थे, अब देखो—सच तो यह है कि मैं भी हिमालय को हिमालय ही कहना चाहूँगा, और कहूँगा भी, परन्तु विरुद भाव से नहीं बल्कि चेष्टाभर सम्यक् देखे जाने के साथ। क्योंकि यह भी रेखांकित किया जाना चाहिए कि स्वरूपमात्र की, सत्तामात्र की, और रचनामात्र की देश तथा काल दोनों ही स्थितियों में सीमा होती है। निश्चित ही हिमालय पर्वतराज है, परन्तु न तो वह असीम है, न एकमात्र वही अप्रतिम है और न ही अपराजेय। इस तथता से न तो हिमालय का महत्त्व ही कम होता है और न ही उसकी अवमानना, अस्तु—

वात्स्यायन में सुदर्शन व्यक्तित्व का वैशिष्ट्य था, परन्तु साधारण अर्थ में नहीं। उनकी देहयष्टि में ग्रीक मूर्तियों का-सा सौन्दर्य, लालित्य या लयात्मकता ही नहीं थी बल्कि आचरण और व्यवहार से भी वह निष्णात तराशी धवल प्रतिमा की प्रतीति कराते थे। एक ऐसा सुषमात्व था जिसे विरल ही कहा जा सकता था। पुरुष-सौन्दर्य का यह मूर्तितत्त्व हमारे भारतीय उपमहाद्वीप में केवल कद्दावर पठानों के गान्धारपन में ही सहज देखा-पाया जाता है। भूमध्यसागर से लगात हिन्दुकुश तक के भू-भाग को सौन्दर्य, संस्कृति और सभ्यता से ऐतिहासिक तथा प्रभावकारी व्यवहार करने का श्रेय प्राप्त होता रहा है। पण्डित हजारीप्रसाद द्विवेदी के कथनानुसार पाणिनि पठान थे, तात्पर्य आर्य थे, इसलिए अनुमान किया जा सकता है कि उस अप्रतिम वैयाकरणी मेधा में भी माइकेल एंजिलो की अनिन्द्य प्रतिमावाली अपूर्वता सम्भव है रही हो। पाणिनि के बाद सम्भवतः सच्चिदानन्द हीरानन्द वात्स्यायन 'अज्ञेय' को देख-सुनकर ही आर्य-सौष्ठव की उस पुरुष-माधवता का आभास मिलता है जो कभी सम्राट् समुद्रगुप्त में रही होगी या धूमकेतु खारवेल में। हम चाहें तो इस सन्दर्भ में सोफोक्लीज का भी स्मरण कर सकते हैं, जो न केवल अपनी ट्रेजडियों के कारण ही प्रसिद्ध रहा बल्कि जीवनभर स्वयं सौन्दर्य का मानक-व्यक्तित्व भी माना जाता रहा। निश्चित ही वात्स्यायन हिन्दी साहित्य की देशगतता पर सौष्ठव की विषुवत्-रेखा हैं तो कालगतता में सर्जनात्मक ऊर्ध्व-शिखर।

पुरातत्त्वी खोज के सिलसिले में वात्स्यायन के पिता डाक्टर हीरानन्द शास्त्री को प्रशासनिक भारत-भ्रमण के लिए जाना पड़ता था, फिर चाहे वह द्वारका की खोज रही हो या बौद्धकालीन अवशेष। आज की तरह उन दिनों डाक-बँगलों या विश्राम-भवनों की ऐसी विशद सुविधाएँ नहीं हुआ करती

थीं और खासकर दूर-दराजवाले खुदाई-स्थलों पर तो नहीं ही। ऐसी स्थिति में तम्बू-छोलदारियों का कामचलाऊ शिविर किसी अमराई की रम्यता में या पेड़ों की छतनारी सघनता में लग जाया करता था। आम्रबहुल तराई प्रदेश के देवरिया जिले के कसिया क्षेत्र में बौद्धकालीन अवशेषों की खुदाई के दिनों में उनका जन्म फाल्गुन शुक्ला सप्तमी संवत् १९६७ तदनुसार ७ मार्च, १९११ ई० को ऐसे ही एक शिविर में हुआ। सामुद्रिकशास्त्र के अनुसार प्रलम्ब कर्ण का जातक विचारवान् होता है और अंक-शास्त्र की दृष्टि से भी 'सात' की संख्या मौलिकता की सूचक मानी जाती है। जातक 'वत्सल' ने शास्त्रों की इस शास्ता को सत्य ही सिद्ध किया। हिमालय की तराईवाली आम्रवनों की हरीतिमाप्रधान उस भूमि में 'वत्सल' का जन्म एक संयोगभर ही है वर्ना तो सच्चिदानन्द हीरानन्द वात्स्यायन 'अज्ञेय' अपने रंग, कद-काठी से हिन्दुकुश पर्वत-शृंखला के अपने आद्यन्त पठानी-स्वत्व का ही स्मरण कराते थे। प्रत्येक स्वत्व अपनी भूमि के इतिहास और भूगोल की ही परिणति और निर्मिति होता है। सम्भव है वात्स्यायन भी ठीक-ठीक न जानते रहे हों कि उनके पूर्वज कब, किस काल और किस इतिहास-क्रम में हिन्दुकुश से नीचे पंजाब के मैदान में आकर बसे, परन्तु इतना अवश्य था कि उनकी जैविक वंशानुगतता में आर्यत्व का एक पठानी छींटा निश्चित ही था। वैसे हिन्दी में पंजाब से प्रायः लेखक आये हैं परन्तु ऐसा आर्य सौष्ठव शायद किसी अन्य में नहीं रहा। इसलिए हो सकता है कि सारस्वत ब्राह्मणों की यह भणोत-शाखा अगत्या करतारपुर (जालन्धर) आने के पूर्व काफी समय तक सीमान्त प्रदेश से लगे पंजाब के उस उत्तरी सिरे पर बसी रही हो जहाँ खैबर-बोलन आदि दर्रों और घाटियों से उत्तर की तेज बर्फीली हवाएँ हिन्दुकुश से नीचे उतरकर पंजाब के मैदानों को सियराती रहती हैं। इन हिमानी हवाओं में सेब लाल और रसीले होते हैं, आलूबुखारा स्वाद का पर्याय बनता है तथा आड़ू और दूसरे सारे सूखे मेवे रस-रूप ग्रहण करते हैं। इन्हीं सर्दीली हवाओं और चिटखती धूप में मनुष्य का चिनार-जैसा तनोंवाला खड़ा कद्दावर व्यक्तित्व भी सीझता स्वरूपित होता है। भूमध्यसागर से लेकर हिन्दुकुश के मध्य का भू-भाग अपने चिन्तकों, सर्जकों, मेधावियों, योद्धाओं और सौन्दर्य के कारण भी ख्यात रहा है तथा इतिहास, संस्कृति और सभ्यता पर अपनी प्रिय-अप्रिय अमिट छाप भी छोड़ी है।

तात्पर्य यह कि वात्स्यायन की देहयष्टि और स्वत्व में आर्यत्व का छींटा था जिसकी प्रतीति देखनेवालों को तो होती ही थी लेकिन स्वयं वात्स्यायन को भी थी और जिसे वह पूरी गरिमा और चेष्टा के साथ ही नहीं बल्कि सुषमित तरीके पर वहन भी करते थे। यदि उन्हें पठानी लम्बा कुरता-सलवार पहना दिया जाता तो वह आसानी से सीमान्त गाँधी के परिवार के लग सकते थे। शायद अपने क्रान्तिकारी जीवन में इस पठानी सम्भावना को वह आजमा भी चुके थे, पर देहयष्टि की इस विशिष्टता ने भी वात्स्यायन को कम उलझन में नहीं डाला। सामान्य ऊँचाईवाले हिन्दी लेखकों के बीच वह जीवनभर किसी प्राचीन ऐतिहासिक लाट की भाँति अलग-थलग दिखलायी देते रहे और इस लाट-व्यक्तित्व से संलाप तथा व्यवहार करते समय बेचारे अधिकांश हिन्दी लेखकों की गर्दन ही दुख जाती रही!

वात्स्यायन ने अपने जीवन के बारे में तथा पण्डित विद्यानिवास मिश्र और डाक्टर रामकमल राय ने यहाँ-वहाँ जो भी संकेत दिये हैं यदि वे हमारे ध्यान में रहें तो उस शिकायत में कुछ कमी आ सकती है जो प्राय: हिन्दी लेखकों को उन्हें लेकर रही है। वैसे तो कद-काठी और प्रभावी मूर्ति-व्यक्तित्व की दृष्टि से निराला उन्नीस नहीं थे, परन्तु एक, असंग व्यक्तित्ववाला ग्राम-देवता का विग्रह था तो दूसरा, ओंठों में भाषा का बीड़ा दबाये रोमन दरबार का एक सम्भ्रान्त सामन्त जैसे, सिसेरो। निराला गाँव किनारे के पीपल के नीचे खुले में प्रस्थापित अनावृत मारुति की आराध्य-मूर्ति थे तो वात्स्यायन म्यूजियम में करीने से रखी अपोलो, सिकन्दर या किसी ग्रीक वीर-योद्धा की ऐतिहासिक विरल प्रतिमा। एक के साथ सहज श्रद्धा, तादात्म्य का आत्मीय भाव अनायास जाता है तो दूसरे के साथ संगमरमरी शिल्प-सुषमा की निष्णातता के प्रति संयत प्रशंसा। मैंने आतंक शब्द जान-बूझकर प्रयोग नहीं किया है। जो हो, विशिष्ट दोनों ही थे और दोनों के अपने-अपने प्रभा-मण्डल भी थे। प्रत्येक ऐसी विशिष्टता को अनिवार्यत: मूल्य चुकाना ही पड़ता है, अपने-अपने ढंग से। विशिष्टता के सन्दर्भ में सबसे पहला दण्ड तो होता है—अकेलापन। निराला को सहज और सामान्य से उठाकर हमने उन्हें जो आराध्य-पद और देवत्व प्रदान कर दिया था, मण्डित भाव से, उसे उस काव्य-मूर्ति ने दारागंज की अपनी विभिन्न कोठरियों में, मानसिक सूनेपनों में किस-किस प्रकार और कैसी-कैसी दुस्तरता में वहन किया होगा इसे जानने की जरूरत किसी भक्त को

कभी नहीं हुई; हाँ, इस काव्य-देवता का गुणगान, भजन-कीर्त्तन सामूहिक रूप से तथा अखण्ड भाव से होता रहा। वात्स्यायन में इस दण्ड का प्रकार, प्रयोजन और प्रकृति भिन्न जरूर है, पर है वह भी दण्ड ही। यह बात भिन्न है कि इसे भी वह एक प्रकार की अलभ्य भूषा, मुद्रा तथा आचरण-सा जीवनभर धारे रहे। फिर भी दोनों में किसी प्रकार की समता नहीं खोजी जानी चाहिए क्योंकि वस्तुत: कोई समता थी भी नहीं। ऐसा कुछ भी करना दोनों के प्रति अन्याय ही होगा। जहाँ तक लोगों की भक्ति और साहित्यिक सम्मान-भाव की बात है तो निराला निश्चित ही बीस ही सिद्ध हुए, पर इस प्रकार की भाषा में रखकर किसी को भी देखना-परखना, जो कि प्राय: किया जाता है, कोई अर्थ नहीं रखता क्योंकि भिन्न भूमियों की प्रयोजनता और अनिवार्यता भिन्न हुआ करती है। न तो किसी चीज, स्थिति की पुनरावृत्ति होती है और न उसकी आवश्यकता ही होती है। अस्तु—

आज यह याद नहीं पड़ता कि वात्स्यायनजी को सबसे पहले कब, कहाँ और किस सन्दर्भ में देखा। जो देखना, सबसे पहले देखने के रूप में याद पड़ता है, उसे पहला देखना नहीं कहा जा सकता क्योंकि मुझे देखते ही उन्होंने "आप यहाँ कैसे?" का जो वाक्य कहा था और किंचित् आश्चर्य का जो भाव सधे ढंग से व्यक्त किया था, उसकी ध्वनि ही यह थी कि हम व्यक्तिशः इसके पूर्व भी मिले थे। बहरहाल इतना तो स्पष्ट ही है कि जो भी पहला मिलना रहा होगा, निश्चित ही कुछ खास नहीं रहा होगा। पिछले दिनों सन् '८४ में सम्पन्न 'भागवत-भूमि यात्रा' के अवसर पर चोरवाड के सौराष्ट्री सागर-तट पर एक शाम टहलते हुए मैंने हमारे पहले मिलने के बारे में उनसे जिज्ञासा की तो पता लगा कि उन्हें भी नहीं याद कि पहले-पहल हम लोग कब-कहाँ मिले थे। उन्हें भी शायद वहीं मिलना याद आया जिसे मैं बताने जा रहा हूँ। सन् १९४७ में प्रयाग में प्रगतिशील-लेखक-संघ का दूसरा अधिवेशन लगभग दस वर्ष बाद सम्पन्न हुआ था। इसके बारे में 'मुक्तिबोध, एक अवधूत कविता' नामक अपनी पुस्तक में थोड़ी चर्चा कर चुका हूँ। पहले दिन शाम को दिनभर के अधिवेशन के बाद चाय-पान का अन्तराल हुआ। जीरो रोड स्थित तत्कालीन 'अग्रवाल-डिग्री-कालेज', जो अब 'इलाहाबाद इण्टरमीडिएट कालेज' है, के घिरे बड़े-से मैदान में गोल बनाये लेखक चाय-पान और गप्प लगाने के लिए फैले हुए थे। प्रगतिशीलों की इस जमात में मेरा, क्योंकि मैं तब तक नवोदित ही था, अकेला पड़ जाना नितान्त स्वाभाविक था इसलिए थोड़ी असुविधा अनुभव कर रहा था कि तभी मैंने देखा कि मैदान के बाहरी फाटक के पास पीछे, एक तरफ आद्यन्त श्वेत भूषा में 'अज्ञेयजी' चुपचाप

खड़े हैं। उनके उस प्रकार के खड़े होने में उनका अकेलापन भी स्पष्ट दिखा और लिखा पड़ रहा था, जिसे वह साधे हुए थे। अपनी तरह उन्हें भी अकेला देखा तो ढाढ़स बँधा। मेरे पास पहुँचने पर उन्होंने वह उपर्युक्त वाक्य कहा था जिसका मैंने आरम्भ में उल्लेख किया।

मैं ठीक से नहीं कह सकता कि उन दिनों वात्स्यायन प्रयाग रहने आ गये थे या नहीं परन्तु शायद उसी वर्ष से 'प्रतीक' प्रयाग से आरम्भ हुआ था। जो हो, हम लोगों ने रिक्शा लिया और काफी-हाउस के लिए निकले। आज जहाँ काफी-हाउस है, यह तो बहुत बाद की बात है, पहले वह सड़क से थोड़ा हटकर एक बँगले में हुआ करता था। तब के भीड़हीन इलाहाबाद में पेड़ों, बँगलों और व्यक्तियों सबके स्वत्व हुआ करते थे। धूप, धूप लगा करती थी और हवा, हवा। काफी-हाउस में बैठे हुए भी लगता था कि आप अपने निजी बँगले में निश्चिन्त मन काफी, खिड़की से दिखता बाहरी दृश्य और 'कम्पनी', सबके आस्वाद को अपने में अनुभव कर रहे हैं। बड़ी देर तक हम लोग बैठे रहे, हालाँकि बातें कम ही हुईं, फिर भी हुईं। कुछ उन्होंने पूछा और थोड़ा-बहुत अपनी ओर से उन्हें बताया। मैं उन दिनों लखनऊ में था। जीवन की आपाधापी में बनारसवाला पी-एच० डी० का सारा सिलसिला ही गड़बड़ा गया था। रेडियो से आजीविका कमाने के चक्कर में क्या-क्या नहीं सहना पड़ रहा था। इस अधिवेशन से लखनऊ लौटने पर मालूम हुआ कि मुझे रेडियो में ले लिया गया, खैर—उस दिन बातों-ही-बातों में वात्स्यायनजी ने बताया कि वह शीघ्र ही एक द्वैमासिक पत्रिका आरम्भ करनेवाले हैं। और सच ही लखनऊ लौटने के थोड़े दिनों बाद मालूम हुआ कि 'प्रतीक' नाम से एक द्वैमासिक, 'जो पत्र भी था और पुस्तक भी', उन्होंने प्रयाग से आरम्भ कर दिया है।

तब तो नहीं, पर आज जब पीछे मुड़कर देखता हूँ तो चीजें, स्थितियाँ, लोग आदि न जाने क्या-क्या अपने पूरे सन्दर्भ में स्थित और सक्रिय दिखते हैं और उन सबके कार्य-कारण भी समझ में आते हैं। वात्स्यायन से जिस भेंट का उल्लेख किया उस समय तक वह साहित्य में अपनी पहली 'इनिंग' खेल चुके थे और सिवाय 'शेखर : एक जीवनी' उपन्यास या 'रोज' तथा 'विपथगा'-जैसी दो-चार कहानियों के काव्य के क्षेत्र में तो वह लगभग 'शून्य' पर ही आउट हुए थे। तात्पर्य यह कि पहली 'इनिंग' का उनका प्रदर्शन एक प्रकार से निराशाजनक ही था। हालाँकि 'तार-सप्तक' के रूप

में काव्य का एक सहयोगी प्रकाशन हो चुका था पर साहित्य में अभी उसकी पहचान और प्रभाव में देरी थी और इसके लिए 'दूसरा-सप्तक' के प्रकाशन तक प्रतीक्षा करनी थी। हालाँकि कालान्तर में तीसरा और चौथा-सप्तक भी प्रकाशित हुए; पर यह शायद लकीर पीटने-जैसा ही सिद्ध हुआ। पहले दो सप्तकों का प्रयोजन तो निश्चित ही कविता और साहित्य की चिन्ता से निःसृत था परन्तु शेष दोनों के द्वारा भले ही वात्स्यायन के नेतृत्व की प्रतीति हुई हो परन्तु उनसे न तो काव्य और न कवि किसी को कोई खास लाभ हुआ नहीं लगता। 'तार-सप्तक' और 'दूसरा-सप्तक' के सन्दर्भ से बाद के दोनों सप्तकों की स्थिति वैसी ही लगती है जैसे माद्री के दोनों पुत्रों की कुन्ती के पुत्रों के सन्दर्भ में थी। वात्स्यायन ने जिन साथी-मित्रों को लेकर 'तार-सप्तक' की सहयोगी योजना को मूर्त बनाया था और बाद में जो हश्र हुआ वे सारे कवि-मित्र आखिर तो 'कामरेड' थे। इस सन्दर्भ में एक रोचक प्रसंग याद आ गया। इस द्वितीय प्रगतिशील अधिवेशन में एक काव्य-सम्मेलन भी होना था। रेडियो ने अधिवेशन के आयोजकों से कहा कि रेडियो उनके दस कवियों की एक काव्य-गोष्ठी प्रसारित करने को तैयार है। मजा यह कि आयोजकों को ऐसे दस कवियों के नाम नहीं मिल पा रहे थे जो रेडियो को भी स्वीकार होते। किसी तरह आठ नाम तो हो गये, समस्या बाकी कें दो नामों की आयी। कुछ लोगों ने 'वात्स्यायन' का नाम सुझाया पर तार-सप्तक के सहयोगी कवि-मित्रों ने ही जमकर विरोध किया। इसी सिलसिले में जब 'सुमन' ने मेरा नाम सुझाया तब जो हिकारत का भाव लोगों ने व्यक्त किया, उसे जाने ही दीजिये। गरज कि वह काव्य-गोष्ठी रेडियो से प्रसारित जरूर हुई पर पता नहीं वह संख्या पूरी हुई कि नहीं—चलिये, प्रगतिशीलता की लाज तो रह गयी।

वात्स्यायन इलाहाबाद से प्रायः लखनऊ आते थे और उनका आना एक प्रकार से घटना-जैसा हुआ करता था। सन् '४८/४९ में ही तो उनका काव्य-संग्रह 'हरी घास पर क्षण भर' निकला था, जो कालान्तर में उनकी काव्ययात्रा का 'क्लासिक-बिगनिंग' सिद्ध हुआ। 'तार-सप्तक', 'प्रतीक' और 'हरी घास पर क्षण भर' के साथ वात्स्यायन ने अपनी दूसरी 'इनिंग' शुरू की और जिसमें उन्होंने कई रेकार्ड बनाये, तोड़े और दर्ज करवाये और अन्त तक 'नाट-आउट' रहे। खैर—उन दिनों लखनऊ रेडियो पर गिरिजाकुमार माथुर और भारतभूषण अग्रवाल भी थे। यशपाल, भगवतीचरण

वर्मा, अमृतलाल नागर के अलावा देवराज, कुँवर नारायण, रघुवीर सहाय आदि के कारण लखनऊ में अच्छा खासा साहित्यिक माहौल था, फिर भी लखनऊ के इस साहित्यिक माहौल पर उर्दू लेखकों की पकड़ थोड़ी अधिक सटीक थी। तब वहाँ डा० अलीम, आले अहमद सुरूर, एहतेशाम हुसैन, मजाज, रजिया सज्जाद जहीर से लेकर 'सलाम' मछलीशहरी तक सक्रिय थे। उन दिनों उर्दू के बुजुर्ग आलोचक 'नियाज फतेहपुरी' साहब का तो खासा रुतबा था ही। प्रगतिशील-लेखक-संघ की हिन्दी-उर्दू के लेखकों की प्रायः मिली-जुली बैठकें यशपालजी के 'विप्लव' कार्यालय में भी हो जाती थीं। उन दिनों लगता था कि 'लाल-क्रान्ति' बस दो-चार हाथ लबेबाम ही रह गयी है और हमारे ये साहित्यिक 'कमिसार' ही काहिली कर रहे हैं। 'क्रान्ति' के इस जज्बे को लेकर उर्दू लेखकों में कुछ ज्यादा ही तेवर और उबाल था। हो सकता है मैं यह 'स्वीपिंग रिमार्क' ही कर रहा होऊँ कि उर्दू में इश्क और 'इन्किलाब' दोनों की तर्जुमानी एक ही जुबान में बल्कि एक ही साथ सहजता से की जा सकती है परन्तु बेचारे हिन्दी लेखक के साथ तो यह धर्म-परिवर्तन का-सा धर्म-संकट होता है। फिर भी लखनऊ में अच्छी खासी फिजाँ थी जो वात्स्यायनजी के गाहे-बगाहे आ जाने पर थोड़ी गड़बड़ा जाती थी। उनके लिए अलग से गोष्ठियाँ-बैठकें होती थीं जिनमें नागरजी तो आ जाते थे पर यशपाल और भगवतीचरण वर्मा को कभी नहीं देखा।

वात्स्यायन के दर्प, अहंकार या 'अशोभनीय मौन' को लेकर लेखकों को प्रायः शिकायत रही है उसमें वात्स्यायन का अपना स्वभाव, परिस्थितियाँ आदि निश्चित ही कुछ तो कारण रहे ही हैं परन्तु मुझे ऐसा लगता है कि इसमें स्वयं हिन्दी लेखकों का भी कम दोष नहीं था। सन् '४० से '५० का दशक ऐसा था जब वात्स्यायन एक प्रकार की मानसिक हताशा के काल-खण्ड में से गुजर रहे थे। अभी उनके पास गर्व या अहंकार करने के लिए उपलब्धि की कोई खास पूँजी भी नहीं थी। यदि उनके साथ तत्कालीन मित्रों, लेखकों ने समवयस्कीपन का भाव और आचरण किया होता तो काफी-कुछ वात्स्यायन सहज हो सकते थे। पूरी तरह उनके मानवीकरण या साधारणीकरण की आशा तो बेकार ही थी, पर शायद वह मूर्ति तो नहीं ही बनते। उनका मूर्ति बन जाना, न तो उनके हक में उचित हुआ और न ही दूसरों के हित में। वस्तुतः गत चालीस-पचास वर्षों में

साहित्य की गाड़ी उनके कारण उलार ही ज्यादा रही, पर इसमें केवल वात्स्यायन ही कारण नहीं हैं। जैसा कि मैंने पहले कहा कि उन्हें स्वयं भी कुछ तो प्रतीति थी ही कि वह कुछ विशिष्ट हैं, और इसे अस्वाभाविक भी नहीं कहा जा सकता था, क्योंकि वैशिष्ट्य था तो, पर यदि इसका उचित समाहार हो जाता तो अच्छा ही था—स्वयं वात्स्यायन के लिए भी और साहित्य के लिए भी।

श्री भारतभूषण अग्रवाल उन दिनों 'दारुलशफा' तात्पर्य विधायक-आवास में हाथरस क्षेत्र के किसी एम०एल०ए० की कृपा से रह रहे थे। 'दारुलशफा' उन दिनों बनने की प्रक्रिया में था। वात्स्यायनजी के आने पर बैठकें 'दारुलशफ़ा' में ही अक्सर होती थीं। वात्स्यायनजी अपना संग्रह 'हरी घास पर क्षण भर' लेकर आये थे इसलिए उनका एकल काव्य-पाठ रखा गया अत: गिनती के लोग ही आमन्त्रित थे। जिस कारण से इस गोष्ठी का स्मरण आज तक बना हुआ है, वह थोड़ा हास्यास्पद भी है और तात्कालीन लेखकों का वात्स्यायन के प्रति समवयस्की आदान-प्रदानवाला भाव न होकर, एक अजीब गुरुडम की स्थापना की शुरुआत की जा रही थी, का भी स्मरण कराता है। वैसे अपने इस निष्कर्ष में मैं गलत भी हो सकता हूँ या आप चाहें तो इसे मेरा पूर्वग्रह भी कह सकते हैं कि इस प्रकार के पूजा-भाव ने ही सारी विषमताएँ उत्पन्न कीं। आपने भी आम मध्यवर्गीय घरों में आध्यात्मिक रुझान का दिलचस्प स्वरूप देखा होगा। इस प्रकार के बेचारे विश्वासी घरों-परिवारों में किसी-न-किसी 'बाबा' का प्रवेश हुआ रहता है, जिनका आना एक प्रकार से 'अवतरण'-जैसा ही होता है। पूरा घर, घर की व्यवस्था आदि सब एड़ियों-पंजों के बल आदेश-पालन में खड़ी होती है। ऐसे बाबाओं के आगमन पर उनके लिए विशेष आसन, थोड़ी ऊँचाई पर, हुआ तो चौकी पर, बिछा दिया जाता है और जनता सामने भक्तिभाव से दस्तबस्ता बैठ जाती है, और तब प्रवचन की अमृत-वर्षा होने लगती है। वैसे इसमें कुछ बुराई भी नहीं है, अपनी-अपनी आस्था है। प्रशान्त कमरे में निस्तब्ध शान्ति और अगरबत्तियों, लोबान नहीं, की सुगन्ध के बीच अध्यात्म की चर्चा को तो किसी प्रकार समझा जा सकता है परन्तु काव्य-पाठ को अध्यात्म-जगत् का इलहामी जामा पहनाना, जरूर थोड़ा हास्यास्पद बनाता है। वात्स्यायन का उस दिनवाला काव्य-पाठ लगभग उसी तरह प्रस्तुत किया गया जैसे तूर से लौटकर

पैगम्बर ने लोगों को, जो कि जाहिल खानाबदोश ही थे, आयतें सुनायी होंगी। और ऐसे में सिवाय एक प्रकार की कृतकृत्यता के और कुछ सम्भव भी क्या हो सकता था? उस प्रशस्त कमरे में अगरबत्तियों की दैवीय सुगन्ध और काव्य की पैगम्बरी-वाणी के साथ कितनी निरभ्र शान्ति थी। निश्चित ही काम्य थी, पर सवाल यह उठता है कि क्या ऐसा विशिष्ट आयोजन, इतने नाटकीय ढंग का, हम अपने किसी अन्य समकालीन के साथ, यार के लिए करते हैं? वैसे मैंने सिर्फ सुना भर है कि रवीन्द्रनाथ ठाकुर लगभग इसी प्रकार अपना काव्य-पाठ या प्रवचन आदि करते थे, पर यह भी सुना है कि और लोगों के साथ भी इसी परम्परा का निर्वहन होता था क्योंकि शान्ति-निकेतन का अपना यह एक विशिष्ट प्रकार था। हम इससे सहमत हैं या नहीं, का प्रश्न नहीं है, देखना यही है कि क्या ऐसा सामान्य रूप से हम सबके लिए करते हैं? नहीं, तब भला वात्स्यायन 'करेला और नीम चढ़ा' कैसे नहीं होते? मेरी यह निश्चित धारणा है कि वात्स्यायन को सहज हमने नहीं होने दिया। जीवन के उत्तरकाल में जब वह सहज होना भी चाहते रहे लेकिन तब तक बहुत देर हो चुकी थी। काफी दिनों के बाद अगर मूर्ति वापस व्यक्ति बनना चाहे तो मूर्ति तो खण्डित होती ही है और वह व्यक्ति भी नहीं बन पाती।

लखनऊ के दिनों में ही 'दूसरा-सप्तक' के निकाले जाने की भनक वातावरण में आने लगी थी, और निश्चित ही ऐसे में हमेशा लोगों के अपने-अपने गणित चला ही करते हैं। कभी कुछ नाम उछलते, कभी कुछ। आजकल एडमीशन के लिए जुलाई में जैसी मारधाड़, सिफारिश आदि का बोलबाला होता है लगभग कुछ-कुछ ऐसी ही घेरा-घेरी वात्स्यायन के लखनऊ आने पर हुआ करती थी। वात्स्यायन लाख समझदार, कला के पारखी, तटस्थ वगैरा रहे हों पर यार लोग भी तो कम खुदा नहीं थे और कुछ नाम जुड़वाकर ही रहे। आज भले ही हम कह लें कि 'सप्तक' में

आ जाने से क्या होता है, पर उन दिनों सचमुच ही कुछ होता था, इसे मान लिया जाये तो क्या हर्ज है? तो, इसी अन्तराल में मेरा तबादला इलाहाबाद हो गया। चूँकि इलाहाबाद हिन्दी साहित्य का गढ़ था इसलिए वात्स्यायन और 'दूसरा-सप्तक' को लेकर यहाँ लोग कुछ ज्यादा ही परेशान थे। हालाँकि वात्स्यायन तब अपना बोरिया-बसना समेटकर दिल्ली जा चुके थे पर आये दिन प्रयाग आकर अपनी पकड़ और गतिविधि बनाये हुए थे। लेकिन वात्स्यायन की जैसी अपनी कार्यशैली रही है कि लोगों को हमेशा कयास करते रहने की स्थिति में ही बनाये रखना। वस्तुतः यह ढंग राजनीतिज्ञों का ही होता है परन्तु इसे साहित्य में पहली बार सटीक तरीके पर वात्स्यायन ने सफलतापूर्वक काम में लिया।

उन दिनों भी इलाहाबाद में प्रगतिशील और 'परिमल'-लेखकों के दो खेमे स्पष्ट थे। मैं उन दिनों कम्युनिस्ट पार्टी और प्रगतिशील-लेखक-संघ से अनिवार्य रूप से जुड़ा हुआ था, इसके कारण 'परिमल' के लेखकों से हार्दिकता का नहीं बल्कि विरोध और तनाव का सम्बन्ध ही था परन्तु स्वयं प्रगतिशीलों से भी तो एकरसता नहीं थी। सच तो यह है कि सब-कुछ, कुछ लोगों की वैयक्तिक आत्मीयता तथा अन्य कारणों से ही मैं इस प्रगतिशील खेमे में था जबकि मेरे लेखन से, मेरी अवधारणाओं से तथा रहन-सहन के ढंग से ये लोग बहुत आश्वस्त नहीं थे। मैं इस काल की केवल उन्हीं बातों की चर्चा करूँगा जो वात्स्यायन से सम्बन्धित हैं। मुझे इलाहाबाद आने पर एक दिन वात्स्यायनजी ने कहा कि वे मेरी कविताएँ देखना चाहते हैं। हालाँकि वे तब तक मेरी गद्य-पद्य की कई चीजें 'प्रतीक' में छाप भी चुके थे। कुछ तो समझ ही गया कि वह क्यों माँग रहे हैं पर जब उन्होंने स्पष्ट नहीं कहा तो मैंने भी नहीं पूछा। शाम को वह घर पर आये और करीब बारह-पन्द्रह कविताएँ छाँटकर ले गये। पर बोले, कि "आपकी वह लम्बी कविता कहाँ है?"—वस्तुतः अभी वह पूरी हुई ही नहीं थी। उसका आरम्भ देखकर ही वह बोले कि आप इसे पूरा क्यों नहीं करते? भला इसका क्या जवाब हो सकता था? खैर, मैं उसके बाद एक माह की छुट्टी लेकर दिल्ली अपने भाई के पास चला गया। दिल्ली में वात्स्यायन भी पास ही में रहते थे इसलिए दो-एक बार मिलना हुआ और उन्होंने उस कविता को पूरा करने का आग्रह किया, और मैंने 'समय-देवता' नाम देकर उस लम्बी कविता को पूरा करके उन्हें दे दिया। अब तक यह

बात बिना कहे भी स्पष्ट हो गयी थी कि मैं 'दूसरा-सप्तक' में सम्मिलित किया जा रहा हूँ।

मैंने लखनऊ के दिनों में ही उपन्यास 'डूबते मस्तूल' लिखने की कोशिश की थी और जब वहाँ से तबादला हुआ था तब थोड़े दिन और रुककर जैसे-तैसे उसे पूरा-जैसा कर लिया था। इलाहाबाद आने पर जब मैंने उसे टाइप करवाना शुरू किया तो वात्स्यायनजी को उसकी भनक लगी। वात्स्यायनजी उन दिनों 'नेहरू-अभिनन्दन-ग्रन्थ' के सिलसिले से प्रायः और वह भी थोड़े लम्बे समय के लिए इलाहाबाद आते रहते थे। शाम को अक्सर 'मलानी-कैफे', जो अब दूसरे नाम से 'बार' में परिणत हो गया है, में परिमल के इस अड्डे पर उनसे भेंट हो जाती। वस्तुतः 'मलानी-कैफे' या 'काफी-हाउस' साहित्यिक सर्जरी के 'थिएटर-रूम' हुआ करते थे। बिना किसी नियम के और रूरियायत के 'फ्री-स्टाइल' में रोमन कुश्तियाँ-जैसी होती थीं। कोई किसी से उन्नीस पड़ने को तैयार ही नहीं रहता था। वस्तुतः इस अड्डे को धर्मवीर 'भारती' चलाते थे इसलिए दादागिरी भी उन्हीं की चलती थी। वात्स्यायन घण्टों चुपचाप बैठे हुए लेखकों की इस मलंगबाजी को देखा करते थे। उनकी इस उपस्थिति का दिलचस्प पहलू यह था कि कोई भी वात्स्यायन के सामने किसी से हेठा नहीं दिखना चाहता था। फिर भी इस चकल्लस में वहाँ नयी कविता, नये लेखन के बारे में गम्भीर चर्चाएँ भी लगे हाथ हो जाती थीं। मेरा इन लेखकों से रेडियो के कारण सम्बन्ध बनाये रखना जरूरी था और चूँकि मैं रेडियो में था इसलिए ये भी मेरी सर्वथा उपेक्षा नहीं कर सकते थे, दोनों पक्षों की अपनी-अपनी विवशता थी। इस चीज को लेकर क्या-क्या नाटक-तमाशे नहीं हुए, पर यह विषयान्तर हो जायेगा।

तो, एक दिन वात्स्यायनजी आये और बोले कि, मैंने सुना है कि "आपने कोई उपन्यास लिखा है!"—चूँकि अभी उसके पूरे होने में थोड़ी

कसर थी इसलिए मैंने यही कहा कि अभी तो वह टाइप हो रहा हैं और पूरा भी नहीं हुआ है। फिर भी उन्होंने देखने का आग्रह किया अतः दूसरे दिन मैंने उन्हें उसकी टाइप प्रति दे दी। वह शायद उसी दिन दिल्ली जा रहे थे इसलिए पाण्डुलिपि साथ में ले गये। करीब एक माह के बाद जब वह फिर आये तो पूछा कि "इसे कौन छाप रहा है?"—भला उस समय क्या ऐसी स्थिति मेरी हो सकती थी कि पाण्डुलिपि तैयार होने के पूर्व ही कोई प्रकाशक तैयार बैठा हो? प्रकाशकवाली मेरी विवशता सुनकर बोले कि यदि मुझे आपत्ति न हो तो वह छापने को तैयार हैं। भला मुझे क्या आपत्ति हो ही सकती थी? किसी भी नवोदित लेखक के लिए चीजों का इस प्रकार आसान हो जाना प्रसन्नता का ही कारण हो सकता था, और फिर वह भी वात्स्यायन के द्वारा।

उन्हीं दिनों श्री धर्मवीर 'भारती' ने भी 'सूरज का सातवाँ घोड़ा' नामक एक प्रयोगधर्मी उपन्यास लिखा था। इलाहाबाद में इसके नये शिल्प और तेवर की उन दिनों काफी चर्चा थी। तेजी अच्छी चीज है परन्तु जरूरत से ज्यादा तेजी कालान्तर में मार्गच्युत ही करती है। यदि मैं बहुत गलत नहीं हूँ तो ऐसा लगता है कि 'भारती' अनावश्यक ही सतर्क और तेज रहे हैं। एक अच्छे लेखक और छोटे-मोटे साहित्यिक नेता होने के सारे गुण उनमें मौजूद थे। उन दिनों 'परिमल' का अर्थ ही था—'भारती'। विजयदेवनारायण साही तब तक समाजवादी राजनीति और मजदूर यूनियन के कामों में अधिक सक्रिय थे। साहित्य में तो वह काफी बाद में उतरे। मुझे ऐसा लगता है कि साहित्य की मूलभूत संरचना में आधारभूत बात यह है कि यह क्षेत्र, व्यक्ति से समर्पण ज्यादा माँगता है। हिसाबी-किताबीपन बहुत नहीं चलता। इसलिए तेज-तर्रार लेखक सारी गरज-लरज के होते हुए भी मात्र एक धूमकेतु की तरह गुजरकर रह जाते हैं क्योंकि साहित्य में उनकी समायी नहीं हो पाती। साहित्य में बने रहने के लिए एक आधारभूत ग्रामीण विश्वासीपन, सरलता, निश्छलता कहीं ज्यादा जरूरी है बनिस्बत जोड़-तोड़ या तेज मुद्रा के। जब भी किसी ऐसी महत् तेज मुद्रा को देखता हूँ तो आश्वस्त हो जाता हूँ कि इन श्रीमान् को साहित्य में तो नहीं ही रहना है। 'भारती' के साथ भी यही हुआ। वह इलाहाबाद से क्या गये साहित्य से ही चले गये। जिस दिन परिमलवाले 'भारती' को 'बम्बई-हावड़ा-मेल' पर छोड़कर वापस काफी-हाउस लौटे थे वह दृश्य हास्यास्पद भी तथा कुछ-कुछ कारुणिक भी था,

जिसकी रोचक चर्चा किसी सन्दर्भ से फिर कभी।—शायद 'भारती' के लिए यह अच्छा ही हुआ क्योंकि वह कभी अपनी मध्यवर्गीय कुण्ठाओं और मनोवृत्तियों से उबर नहीं पाये, जबकि कालान्तर में सम्पन्नता आ जाने पर उबर सकते थे परन्तु, जैसा कि 'फिराक' साहब कहा करते थे कि व्यक्ति अपने को फोड़कर अपने से बाहर पैर नहीं रख सकता। जीवनभर भारती को अपना संघर्ष सालता रहा, जैसे अकेले उन्हें ही संघर्ष करना पड़ा हो। अतरसुइया से सिविल लाइन्स या यूनिवर्सिटी साइकिल चलाकर जाने की थकान उनके पैरों से ज्यादा स्वत्व पर से सम्पन्नता के बावजूद नहीं ही उतरी। हम प्राय: भूल जाते हैं कि साहित्य अपने गुबार निकालने के लिए नहीं होता। सृजन ही एकमात्र ऐसा क्षेत्र होता है जिसमें नकलीपन या केवल कुण्ठित मानसिकता बहुत नहीं चल पाते। भारतेन्दु, मैथिलीशरण या निराला का-सा सहजपन तथा माटीपन जब तक नहीं होता साहित्य अपने भीतर से उसे एक-न-एक दिन उगलकर फेंक देता है—सागर की तरह, खैर। अपने प्रयोगधर्मी होने के अलावा 'भारती' के इस उपन्यास की चर्चा का एक और भी कारण बना और वह यह कि उसकी भूमिका वात्स्यायन लिख रहे थे। साहित्य में भी आखिर तो हाड़-मांसवाले लोग ही होते हैं। यह कोई त्यागियों या वीतरागियों की जमात तो नहीं है, बल्कि अच्छे खासे 'लतखोरीलालों' का अड्डा ही तो है। एक-से-एक बालखिल्य आपको यहाँ मिलेंगे। इलाहाबाद का यदि कोई आप्त-वाक्य था, तो यही कि—'परनिन्दा सम रस नहीं भाई।' वात्स्यायन भूमिका लिख रहे हैं—इस बात, इस स्थिति के जितने शोशे और पंख हो सकते थे उन्हें तरह-तरह से रंग देकर, पूरे विश्वास के साथ, चबा-चबाकर चटखारे ले-लेकर साहित्य का यह मछलीबाजार 'मलानी-कैफे' के मालिक के लिए भी जानेबवाल हो जाता था। इसमें सवाल झूठ-सच का नहीं था, बल्कि छीछालेदर को कितनी कलात्मक ऊँचाइयाँ दी जा सकती थीं की बात थी। इलाहाबाद-जैसे उस नहाये-धोये 'चेस्टिटी बेल्ट' धारे विक्टोरियन शहर में यह घटना लगभग अनैतिक-जैसी ही हो गयी थी जिसके कारण विक्टोरियन मर्यादा के चेहरे पर शर्मिन्दगी पुत गयी थी। वस्तुत: इस मामले में भी लेखकों की अन्य वृत्तियों के अलावा वही मध्यवर्गीय मनोवृत्ति कार्य कर रही थी कि 'भारती', वात्स्यायन को कैसे साध ले गये? मतलब, कि हम सब टापते ही रह गये। छोटे शहरों की ही यह विशेषता होती है कि लोग, चीजों,

घटनाओं और व्यक्तियों को आसानी से नहीं बीतने देते—कई बार तो वर्षों यह जुगाली चलती रहती है, कभी इस डाढ़ में, तो कभी उस डाढ़ में। मेरा ख्याल है कि यदि इस भूमिका को मात्र एक सामान्य-सी घटना बने रहने दिया होता तो यह भारती और वात्स्यायन दोनों के भावी सम्बन्धों के लिए शुभ होता, पर—

*फायदा क्या, सोच, आखिर तू भी दाना है 'असद'*
*दोस्ती नादाँ की है, जी का जियाँ हो जायेगा।*

और सचमुच ही यह सम्बन्ध वात्स्यायन के लिए भी तथा भारती के लिए भी जी का जंजाल बनकर ही रही। वैसे मैं पूरी बात नहीं जानता कि इसके अलावा और वे कौन-सी अप्रिय बातें इन दोनों के बीच घटित हुईं, क्या सचमुच ही, या केवल कल्पना कर ली गयी?—कि जिसके कारण 'भारती' ने वात्स्यायन को जो बाद में 'गुरु-दक्षिणा' दी उसे न तो स्तरीय और न शोभनीय दोनों ही नहीं कहा जा सकता है। वैसे 'भारती' के पास जरूर ही अपनी इस तल्खी के लिए औचित्य और कारण रहे होंगे, लेकिन फिर भी विरोध और शत्रुता में अन्तर किया होता तो उन्हीं के लिए अच्छा होता, खैर।—

दो-तीन महीने बाद वात्स्यायन फिर इलाहाबाद आये। उनके द्वारा उक्त भूमिका के लिखे जाने के प्रवादों को सुनते-सुनते कुछ अच्छा नहीं लग रहा था। मन तो हुआ कि सचाई जानी जाये, और जो कि वात्स्यायनजी से ही पूछने पर सम्भव हो सकती थी परन्तु यह भी ध्यान आया कि किसी दूसरे के मामले में रुचि लेने की क्या जरूरत है, यह तो फटे में पाँव देना होगा, और क्यों? फिर जैसा कि वात्स्यायन का स्वभाव है, वह मौन रहेंगे, जो आपको अपनी अवमानना भी लग सकता है। उस दिन वात्स्यायन तीसरे प्रहर रेडियो ही आ गये थे। मेरे आफिस का समय समाप्त होने पर बोले कि यदि मेरा काम हो गया हो तो चलिये थोड़ा गंगा-तट घूमा जाये। मैंने रात में प्रसारित होनेवाली वार्त्ता की 'स्क्रिप्ट' और 'डिस्क' ड्यूटीरूम में जमा की और हम लोग द्रौपदी-घाट के लिए निकले। रेडियो के पास ही एकान्त लम्बी थार्नहिल सड़क के सिरे पर मिलिट्री का 'मेस' है। शारदीया शाम के उस काम्य झुटपुटे में 'मेस' के बाहर रखी चमचमाती तोपें और चुस्त-दुरुस्त 'मेस' का इकहरा बँगला, कारीडोर, खम्भे, लान, लान की

क्यारियाँ सब मोहक लग रहे थे। कुछ दिनों मैं भी मिलिट्री में था, सो मिलिट्री को लेकर थोड़ी-बहुत चर्चा करते हुए हम लोग 'सी०डी०ए० पेन्शन्स' के कार्यालय जब पहुँचे तो उस समय तक कार्यालय सुनसान हो चुका था। न जाने क्यों मुझे प्रकृति या प्राकृतिक स्थान कभी उजाड़ या वीरानी का भाव नहीं देते पर हाँ, बड़े-से-बड़े आवास उजड़ जाने पर कैसे दयनीय, फटेहाल और कंगाल लगते हैं कि, बस। सरकारी आफिस जो रोज ही शाम को उजड़ जाते हैं, अपने सूने गलियारों के साथ हमेशा मनहूसियत का भाव जगाते हैं! इन सारी सरकारी इमारतों पर शाम के बाद एक प्रकार का अपराध-भाव लिखा होता है, जो कि उनकी दैनिक विवशता होता है।

हम लोग जब द्रौपदी-घाट पहुँचे तब वहाँ नितान्त निर्जन था। आजकल तो सिवाय बाढ़ के अब शायद ही कभी द्रौपदी-घाट पर गंगा होती है परन्तु उन दिनों ऐसा नहीं था। पेड़ों की छतनारी सघनता में घाट से सटी बहती गंगा में प्रवाह की जैसे एक हलकी-सी तुतलाहट थी। गंगा यहाँ एक बड़ा-सा कटाव करते हुए आगे बढ़ती है। सामने दूर मीलों चला गया गंगा का पाट फैला पड़ा था। उस पार फाफामऊ की आबादी की हलकी-सी लकीर क्षितिज में बुँदकियों से बनायी गयी दिख रही थी। सर्दियों का आकाश मुझे हमेशा क्लासिक लगता रहा है जैसे किसी रूसी उपन्यास से दृश्य-वर्णनवाला पृष्ठ फाड़कर आकाश में चिपका दिया गया हो। सीढ़ियों पर बैठे घुटनों पर कुहनियों के सहारे ठोढ़ी टिकाये वात्स्यायन जिस भाव से सारा प्राकृतिक व्यापार घटित होते देख रहे थे—प्रतिक्रियाहीन—वह उन्हें आँखों से कवि और चित्तवृत्ति से असंग बना रहा था। उन दिनों वात्स्यायन के खासे घुँघराले बाल थे जो क्रमशः कम होने लगे थे, फिर भी उनके सुन्दर मुख पर फैलकर कितने अप्रतिम हो जाते थे यह वही बतला सकते हैं जिन्होंने वात्स्यायन को उन दिनों देखा हो, शायद सेम्पसन के ऐसे ही कुन्तल रहे हों। मुझे उनका एक आरम्भिक काव्य-संग्रह 'भग्नदूत' का स्मरण हो रहा है जिसमें कवि का चित्र छपा है—रेल की खिड़की से धुँघराले बालोंवाला बस्ट। ग्रीक माइथालोजी भला झूठ क्यों कहेगी कि नारसीसस बहुत अप्रतिम रूपवान् था, जरूर रहा होगा, पर वात्स्यायन उससे कम तो उस चित्र में नहीं लगते।—मैं गंगा की इस विपुल प्रशान्तता में कहीं अपने से दूर चला गया था कि मुझे सुनायी दिया जैसे

वात्स्यायन कुछ कह रहे हैं—"आपकी कविताओं से तो लगता है कि आप अच्छी खासी वैदिक परम्परा से आते हैं।"—मैं हठात् नहीं समझ सका कि वह क्या जानना चाहते हैं। मैंने भी शायद कुछ ऐसा ही कहा था, कि "दैनिक सामान्य पूजा-पाठ तो परिवार में आज भी है पर हाँ, पितामह को अवश्य विशिष्ट पूजा—आदि करते देखा था।"—तब वह किंचित् मुस्कुराते हुए बोले—"लेकिन इन लोगों के साथ आप कैसे हो गये?"—वात्स्यायन ने हालाँकि 'कम्युनिस्ट' संज्ञा का प्रयोग नहीं किया था पर 'इन लोगों' से ध्वनि स्पष्ट थी। मैंने भी मात्र इतना ही कहा—"पता नहीं कैसे।"

हम शायद थोड़ी देर और बैठे रहे। जाड़ों की शामों को भी तो रात होने की बड़ी जल्दी पड़ी रहती है। चारों ओर खूब खुला था परन्तु पेड़ों से आरम्भिक अँधेरा हलके-हलके झरने लगा था। तभी उन्होंने उठते हुए पूछा—"आपके उपन्यास की भूमिका कौन लिख रहा है?"—वैसे मैंने उन्हें बताया कि भूमिका मैं स्वयं ही लिखूँगा। इस बात से आज सम्भव है लोगों को लगे कि मैंने भारतीवाले प्रसंग के कारण ऐसा अस्वीकार किया होगा। नहीं, बिलकुल शुरू से मेरी यह धारणा रही है कि व्यक्ति को अपने पैरों पर ही खड़ा और चलना चाहिए, जब तक कि उसे 'पोलियो' ही न हो गया हो। 'भारती' की भूमिका का प्रसंग तो केवल एक संयोग भर था और मेरा वात्स्यायन को इस प्रकार अस्वीकार करना भी। खैर—शायद लौटानी में हम पूरे रास्ते चुप ही रहे। हमें काफी दूर जाकर रिक्शा मिला। उन दिनों रेडियो स्टेशन भी काफी जंगल में हुआ करता था। आज तो चारों ओर दूर-दराज तक पाश कालोनियाँ बस गयी हैं। शायद एकमात्र रिक्शा ए० जी० आफिस के पास मिला। मैंने चाहा कि वात्स्यायनजी उसे लेकर डा० आशामुकुल दास के कटरावाले आवास 'वसुधा' लौटें, क्योंकि वह हमेशा इलाहाबाद में वहीं ठहरते रहे हैं। पर नहीं, वह जानते थे कि मैं अभी सिविल लाइन्स जाऊँगा और 'बी० एन० रामा' में खाना खाऊँगा और तब वापस इसी ए० जी० आफिस के पास बने 'वाई० एम० सी० ए०' के हास्टल लौटूँगा। मैं उन दिनों इसी हास्टल में रह रहा था। वैसे तो वात्स्यायन के साथ मौन एक शाश्वत समस्या है पर कुछ दिनों के बाद वह समस्या नहीं भी रहती है। लेकिन कई बार जब मौन, सचमुच का मौन लगने लगता है तो एक अव्यक्त बोझ-सा अनुभव होता है। हालाँकि अभी हम द्रौपदी-घाट पर बड़े ही खुले मन से थे पर हठात् लगने लगा कि

जैसे इस बीच कुछ अवांछित घटित हो गया और मौन भारी हो आया, लेकिन क्या?—और जब मेरे खाना खा लेने पर हम लोगों ने काफी खत्म की तब तक सिविल लाइन्स की खाली सड़कों पर इक्के-दुक्के आते-जाते लोगों के और ठण्डी हवा के झोंकों के कहीं कुछ नहीं था। उन दिनों व्यक्तियों की तरह दुकानें भी शालीन हुआ करती थीं—प्रदर्शनहीन। और जब वात्स्यायन रिक्शा लेकर दूर होते गये तो मुझे लगा कि मेरा इस प्रकार उन्हें अस्वीकार कर देना क्या ठीक था? पर क्यों नहीं ठीक था? जब मैं सहज रूप से इसे मानता हूँ तो वात्स्यायन को भी बुरा नहीं मानना चाहिए। वह अपने स्वत्व और संकल्प को जिस निष्ठा तथा आग्रह के साथ धारे रहते हैं वैसा कोई दूसरा भी तो कर सकता है? और मैं उस रात बड़ी देर तक सोचता बिस्तर पर पड़ा रहा। हालाँकि अवचेतन कह रहा था कि कुछ अवांछित घट गया है, लेकिन क्या?

कुछ दिनों बाद मेरा तबादला नागपुर हो गया। हालाँकि लखनऊ से ही मैं यह जान चुका था कि रेडियो की यह सरकारी नौकरी बहुत नहीं चलेगी और मैं भी कोई बहुत उत्सुक नहीं था। इलाहाबाद के इन वर्षों ने एक प्रकार से मेरा भविष्य तय कर दिया था कि मुझे सिर्फ लेखक ही बनना है और वह भी इलाहाबाद में रहकर, और यह संकल्प अगत्या सन् '५९ में जाकर ही फलीभूत हुआ। नागपुर का सन् '५३ का वर्ष अनेक दृष्टियों से महत्त्वपूर्ण रहा। मुक्तिबोध की आत्मीयता आज तक कितना बड़ा सम्बल है इसे शायद पूरी तरह कभी व्यक्त नहीं किया जा सकता। नागपुर का वह वर्ष समाप्त होते-होते मैं रेडियो से बाहर आ गया। हालाँकि सोचा था कि सीधे इलाहाबाद जाऊँगा पर अभी मेरे और इलाहाबाद के बीच दिल्ली का छह वर्ष का समय, कई लोग, घटनाएँ और सर्वथा निरावलम्बता के अनुभव शेष थे।

आज जिसे 'जनपथ' कहा जाता है उसे उन दिनों 'क्वीन्स-वे' कहते थे। सिवाय 'ईस्टर्न-कोर्ट' और 'वेस्टर्न-कोर्ट' के या विशाल अशोक वृक्षों

के झुरमुटों में खोये-खोये 'इम्पीरियल-होटल' के तथा 'फ्रीमेसन्स' की एक बिल्डिंग के अलावा कहीं कुछ और नहीं था। हाँ, पंजाब से आये शरणार्थियों ने अपनी जबरिया गुमटियाँ इस 'क्वीन्स-वे' पर जरूर खड़ी कर ली थीं। अंग्रेजों के ताजे-ताजे जाने की बू-बास अभी भी परिवेश तक में थी। 'इण्डियन काफी-हाउस' इसी 'क्वीन्स-वे' पर हुआ करता था। इसके पीछे की ओर जो लेन थी और अब भी है, जो गनीमत है आज भी 'ताल्सताय-लेन' ही कहलाती है। यह तो विदेशी लेखक ताल्सताय का मामला था वर्ना अगर किसी भारतीय लेखक के नाम से होती तो आज इसका न जाने क्या नाम हो गया होता, खैर, वात्स्यायन इसी 'ताल्सताय-लेन' में एक मकान की दूसरी मंजिल के दो-तीन कमरोंवाले एक छोटे-से आवास में रह रहे थे। चूँकि मेरी पाण्डुलिपि वह दो वर्षों से अपने पास रखे हुए थे और पता नहीं चल रहा था कि उसका क्या हुआ, अतः मैंने नागपुर से उन्हें अपने दिल्ली आने के बारे में लिखा था और एक तारीख और समय दे दिया था। चूँकि उन दिनों मेरे भाई ३३, कैनिंग लेन में रह रहे थे, जो एक तरह से पास ही में थी। मैं अपनी दी हुई तारीख और समय पर उनके यहाँ पहुँचा। दिया हुआ समय ८/३० का था और मैं उसी समय पहुँचा। तंग, घुमावदार सीढ़ियाँ एक छत पर जाकर खुलीं और मैंने सामने ही एक खुला दरवाजा देखा। पहले तो बहुत ही छोटा एक कमरा दरवाजे से सटा था और उस कमरे के बाद फिर एक छोटा कमरा था। भीतरवाले कमरे में एक नीची चौकी पर दूध के दो मग तथा सेब और बिस्कुट भी थे जिनके सामने एक महिला भी बैठी थी। दरवाजे पर सहसा एक व्यक्ति को, खड़े देखा तो वात्स्यायन बाहर निकले। इस बीच मैं समझ ले गया कि साथ में जो महिला हैं वह कपिला मल्लिक हैं। अनायास आया होता तो मुझे लगा होता कि ऐसे निजीपनवाले समय नहीं आना चाहिए था परन्तु मैंने तो अपने आने के दिन और समय दोनों की ही सूचना पहले दे दी थी अतः मेरा इस प्रकार आना न तो हठात् ही था और न ही अवांछित। वात्स्यायन तेजी से बाहर निकले और आते ही उन्होंने पूछा, कि—"कहिये?"—जो मुझे अप्रिय लगा, क्योंकि मैं अपने आने के प्रयोजन के बारे में लिख ही चुका था, खैर— कुल यही कहा—"वो मेरा उपन्यास...",—"आप एक मिनिट रुकें"—कहते हुए वह भीतर चले गये, और सचमुच एक ही एक मिनिट में पाण्डुलिपि लाकर देते हुए बोले—

“अच्छा।” —एक क्षण को न जाने कितनी बातें मन में आयीं, और मुझे लगा कि जिस वात्स्यायन को मैं जानता रहा हूँ, वह यह नहीं हैं। कोई व्यक्ति हठात् इतना और ऐसा बदल सकता है सोचकर मुझे आश्चर्य से अधिक परिताप हो रहा था, अपने आने पर। उनके इस आचरण को मैं नहीं समझ पा रहा था कि इसे शिष्टता की किस कोटि में रखा जाये, और मुझे लगा कि मेरा वात्स्यायन से यह अन्तिम मिलना है। स्वत्व की अवमानना के मूल्य पर जब न जाने क्या-क्या घर-परिवार, नौकरी-चाकरी छोड़ता आया तब भला....और दुबारा जिसे मिलना कहा जाता है उसके लिए दोनों को ही लगभग पचीस वर्षों से भी अधिक की प्रतीक्षा करनी पड़ी। हाँ, दिल्ली में या इलाहाबाद में दूर-दराज की देखा-देखी या बहुत हुआ तो ‘दुआ-सलाम’ जैसा हो गया वर्ना तो दोनों ने एक-दूसरे को ‘डेडलेटर पोस्ट बाक्स’ में डाल रखा था।

प्रकृति की मनुष्य से दुहरी अपेक्षाएँ हैं—जैविक भी और सृजनात्मक भी। जैविक दृष्टि से तो यह सृष्टि तथा अन्य सारे प्राणी प्रकृति की इस अपेक्षा को बहुत-कुछ अंशों और रूपों में पूरा करते हैं परन्तु जिस दूसरी सृजनात्मकता की उसे अपेक्षा है, जो कि कहीं अधिक मूल्यवान् है, वह तो केवल मनुष्य द्वारा ही सम्भव है। इसलिए इस दुहरी अपेक्षा की प्रक्रिया को हम इस बिम्ब के द्वारा समझ सकते हैं कि जैविक दृष्टि से तो मनुष्य, पृथ्वी की भाँति अपनी कीली पर घूमता है पर इसी घूमने में से ही सौर-परिक्रमा का वह दिक्-काल-मण्डल निर्मित होता है जिसे सृजनात्मकता का 'ओरीरियाबोलिस' कहा जा सकता है। इस सृजनात्मकता की आधारभूत प्रकृति और प्रयोजन के बारे में हम यह देखते हैं कि यह देश और काल के छोरों पर अपने सृजनात्मक 'स्व' का वितान, एक सेतु की तरह ताने हुए है, जो सब-कुछ का प्रतिनिधित्व करते हुए तथा अपनी स्थिति में आसक्त होने पर भी रचनाकर्म के समय अनासक्त है। जिस सृजनात्मकता में यह निर्वैयक्तिकता या असम्पृक्तता जितनी ही प्रभूत और संकल्पात्मक होगी वह उतनी ही देश-कालातीत होगी। सृजनात्मकता के बारे में इसे क्लासिकी-दृष्टि कहा जायेगा। टी० एस० इलियट ने भी इसी बात को अपने तरीके से स्वीकारा है तथा वात्स्यायन भी वैचारिकता के स्तर पर यही मानते रहे।—अपनी इस प्रकार की सृजनात्मक प्रक्रिया में वह कभी धर्म, दर्शन के साथ किसी कालखण्ड में खड़ी दिखलायी देती है तो किसी दूसरे युग में, जैसे हमारे युग में, वह ज्ञान-विज्ञान आदि के साथ क्रियारत। सृजनात्मकता का वह चेतना-व्यक्तित्व पराब्रह्माण्ड से लेकर सूक्ष्मातिसूक्ष्म अणु-सत्ता तक गतिशील, क्रियाशील और सृजनशील है, तो विश्वात्मन्

शक्ति रूप से लेकर अनाम साधारण प्राणी-सत्ता तक संरचना में शाश्वत निमग्न है। अत: कहा जा सकता है कि मनुष्य का यह चेतना-व्यक्तित्व, केन्द्रीय ऊर्जा-भण्डार तो है ही परन्तु अन्य सारे माध्यमों की अपेक्षा अधिक उदार, विश्वसनीय, संस्पर्शी और महनीय है। काल-क्रम या काल-प्रवाह में सृष्टि और जगत्, सत्य और ऋत् को जानने तथा अभिव्यक्त करने के माध्यम बदलते रहते हैं। जैसे कभी धर्म था तब इस तात्त्विक जिज्ञासा की भाषा धार्मिक थी। जब दर्शन था तो दर्शन के सूत्रों से सारा ताना-बाना बुना जाता था और आज चूँकि जिज्ञासा ज्ञान-विज्ञान के माध्यम से है इसलिए पदार्थिक तथा अंक-भाषा प्रयुक्त होती है। हमारा सरोकार तो केवल इतना भर जानने से है कि आधारभूत सत्ता है कि जिसे आत्मा, प्राण या ऊर्जा जो भी नाम दिया जाये, सारे माध्यमों और स्वरूपों में अपने-अपने ढंग से अलग-अलग भी तथा परिणामात्मक दृष्टि से समग्र भी रची जा रही है और घटित हो रही है। लेकिन सबका प्रकार वही है—अपनी कीली पर घूमते हुए दिक्काल में सृजनात्मक 'ओरीरियाबोलिस' होना। यही काल छन्द है, लय है, गति है। प्रकृति की इस महाक्रिया को हम इस पारम्परिक बिम्ब के द्वारा भी समझ सकते हैं कि सृजनात्मकता का अर्द्धनारीश्वर अपनी इस कालयात्रा में, यात्रा करते समय ताण्डवरूप रुद्र है और परिणाम-बिन्दु पर महालय के रूप में विलीन होते समय लास्यरूपा शक्ति है।

काल या कह लीजिये यह छन्द-यात्रा करते हुए हम बीसवीं सदी के मुहाने पर आखिरकार पहुँच ही गये। हम चाहें तो अपनी इस सदी के क्रिया-कलापों पर एक सरसरी नजर तो डाल ही सकते हैं ताकि हमारी सदी के पूर्ण विराम के पूर्व की स्थिति का कुछ तो आकलन किया जा सके। क्योंकि काल के परादृश्य में भले ही हमारी सदी भी एक बिन्दु बनकर समाहित हो जाये, जो कि होगी ही, परन्तु हमारे लिये तो यह बिन्दु सौ वर्षों का एक विशाल फलक है और जिस पर कम-से-कम चार पीढ़ियाँ तो सक्रिय रही ही हैं। काल के लिए सम्भव है यह नगण्य हो, जो कि है, परन्तु हमने तो इसे तिल-तिल जिया है इसलिए हमारा पुरुषार्थ है। रोजमर्रा के हल्दी-नमकवाले या ईर्ष्या-द्वेषवाले अपने लौकिक व्यवहार में हमें इस काल-छन्द की सृजनात्मकता की आक्षण भले ही प्रतीति न होती रहती हो या न होती हो परन्तु थोड़ा-सा किनारे हटकर खड़े हो जाने पर इस जुलूस, काल-लहर की हरहराती लयात्मकता को कुछ तो देख-सुन

सकते ही हैं। उस स्थिति में समाज और सृष्टि की सारी सृजनात्मकता के ऐतिहासिक तथा वैचारिक आकार-प्रकार तथा कार्य-व्यापार को मय उनके कार्य-कारणों के कुछ तो समझा जा सकता है।

एक तरफ पटरी पर खड़े होते ही सबसे पहले जिस बात पर हमारा ध्यान जाता है वह यह कि जैसा दो सदियों का आपस में केवल पूर्वापर का ही सम्बन्ध नहीं होता बल्कि अविच्छिन्न कार्य-कारण तथा दाय-सम्बन्ध भी होता है, क्या वैसा ही सम्बन्ध हमारी इस सदी का गत सदी से है? पूर्वापर की दृष्टि से तो होगा ही परन्तु दाय-सम्बन्ध की दृष्टि से उतना अविच्छिन्न सम्बन्ध शायद नहीं है जैसा कि उन्नीसवीं सदी का अठारहवीं सदी से था। इसका कारण शायद हमारी सदी की विशिष्टता या विषमता ही है। कोई भी गति, सीधी लकीर नहीं होती बल्कि उसमें लय होती है। लय का तात्पर्य ही है ऊपर-नीचे का क्रम। फिर चाहे वह गति काल की हो, प्रकाश की हो, ध्वनि की हो या विमान अथवा कार की हो। जिसे मन की गति कहा जाता है, और जो कि अमूर्त होती है, उस तक में 'वाइब्रेशन्स' होते हैं। ऐसा लगता है कि हमारी सदी में काल लय का यह वाइब्रेशन अपनी उत्तालतम स्थिति में रहा। लगता है जैसे सारा काल-प्रवाह एक विशाल, विकट लहर बनकर अपने सारे जलों को लेकर एक साथ खड़ा हो गया था, और है। मानवीय चेतना और पदार्थिक सत्ता ने कल्पनातीत रूप से अपने विकास या वांछाओं के विशाल गरुड़-पंख सागर के अतलतम अँधेरों से लेकर ब्रह्माण्ड के पराप्रकाश या पराअन्धकार में उड़ान भरने के लिए फैला लिये। मानवीय जिज्ञासा के इस महान् वृन्द-वादन में प्रकृति की सारी जड़ीय और चेतना सत्ता ही नहीं ग्रह-नक्षत्र भी शब्दमय और नादमय हैं। वैसे ऐसा नहीं है कि इस सदी के पूर्व यह महान् वृन्द-वादन निष्पन्न नहीं हो रहा था, परन्तु वस्तुतः उसकी प्रामाणिक जानकारी हमें इसी सदी में हुई है। इतिहास की स्मृति में किसी एक सदी में इतनी भौतिक, वैचारिक प्रगति और उपलब्धि का कोई दूसरा प्रमाण नहीं मिलता। हाँ, मनुष्य चेष्टा तो कई सदियों से करता आ रहा है परन्तु वामन ने तीन डगों से त्रैलोक्य नाप डालनेवाला पहला डग हमारी सदी में ही उठाया। दो-दो विश्व-युद्ध, पचासों छोटी-बड़ी क्रान्तियाँ, ब्रह्माण्ड में प्रवेश, अणु का विस्फोट आदि से लेकर जीव, जगत् और ब्रह्माण्ड का कौन-सा ऐसा क्षेत्र आज अछूता रह गया है जहाँ इस जिज्ञासा ने हस्तक्षेप न किया हो और उसे प्रयुक्त न

किया हो? अब तो समानान्तर जीवन-निर्माण की अवधारणा भी स्वरूपित होने ही जा रही है। जिस दिन मनुष्य को जन्म और मृत्यु के बीच गाँठ लगाना आ जायेगा शायद वह दिन या मुहूर्त्त पराप्रकाश का होगा या पराअन्धकार का, वैसे दोनों एक ही हैं, नहीं कहा जा सकता। परम मदान्ध तानाशाहों से लेकर नितान्त अप्रासंगिक लगनेवाले गाँधी तक के आविर्भाव का श्रेय भी हमारी सदी को ही जाता है। वैसे कुछ लोग इसे विज्ञान द्वारा एक परादासता के युग का श्रीगणेश भी मानते हैं। शताब्दियों के उपक्रम में धर्म, दर्शन, राजनीति और विज्ञान को समेटते हुए काल-लहर अपनी एक लय से दूसरी लय की ओर कैसे बढ़ी जानना भी कम दिलचस्प नहीं है। शायद महाभारत-युग के बाद यह काल-लहर पुनः अपनी शीर्षतम ऊँचाई पर अपने जलों पर खड़ी अपना महाफन फैलाये देश और काल में वापस फन पटकने के बिन्दु पर क्या पहुँच गयी है? इसका उत्तर कम-से-कम कोई कवि तो नहीं दे सकता क्योंकि इस महासंकट का जन्मदाता और प्रवक्ता वैज्ञानिक ही है, कोई कवि न तो कभी था और न है। इस जिज्ञासा का परिणाम कल क्या होगा यह कोई नहीं जानता क्योंकि शायद स्थिति मनुष्य के हाथों से निकलकर प्रकृति के हाथों में पहुँच चुकी है। काल-लहर की लौटानी के उस परावेग को अगली सदी किस रूप में झेलेगी, समाज और व्यक्ति, चिन्तन और जीवन का क्या प्रकार और स्वरूप बनेगा, क्या परिणाम होंगे इसका अनुमान लगाने के लिए हम स्वतन्त्र हैं परन्तु आवश्यक नहीं कि हमारे अनुमान सही ही हों। भला उन्नीसवीं सदी की या किसी काल की मेधा को, भले ही वह गेलीलियो रहा हो अथवा न्यूटन, इनको पता था कि बीसवीं सदी में मानवीय जिज्ञासा बोतल के बाहर जिन्न-सी निकलकर स्वयं ही शक्तिसम्पन्न हो जायेगी? मानवीय समता और स्वातन्त्र्य के कैसे-कैसे अभियान, और नाटक इस सदी में नहीं हुए। देशगत दूरी तो इस सदी में बेमानी हो ही गयी अब तो मनुष्य कालगत दूरियों में बढ़ चुका है। हाँ, इतना अवश्य कहा जा सकता है कि प्रगति, उन्नति और विकास के नाम पर जिज्ञासा और उपलब्धियों के 'फ्रण्टियर्स' ऐसे और इतने सीमाहीन हो जायेंगे इसकी आशा और परिकल्पना शायद किसी को भी नहीं थी। मनुष्य और उसका जीवन ही नहीं बल्कि सृष्टि और प्रकृति भी असुरक्षा की स्थिति में हो जायेंगी इसे भी कोई नहीं जानता था। अतः हमारी सदी की इस विशिष्टता या वैषम्य ने सृजनात्मकता के सामने

इतने अधिक आधारभूत प्रश्न, जो कि संकट ही हैं, खड़े कर दिये हैं कि बीसवीं सदी के सारे दशकों में विभिन्न कला-माध्यमों ने इस प्रगति के साथ कदम-ब-कदम रखने की चेष्टा में न केवल अपने पारम्परिक स्वरूपों, मान्यताओं को ही छोड़ा बल्कि प्रयोगों के कारण कलाओं का आधारभूत छन्द तक गड़बड़ा गया और एक प्रकार से अरचनात्व के मुहाने पर कलाएँ अपने को खड़ा पाती हैं, लेकिन इसके आगे? वस्तुतः आज का संकट 'फार्म' का नहीं है बल्कि तात्त्विकता का है। क्या क्षितिज पर खड़े होकर गुरुत्वाकर्षणहीन शून्य में कोई डग भरा जा सकता है? जिस प्रकार अणु का पराविखण्डन कर दिये जाने के बाद फिर कोई खण्ड करना सम्भव नहीं होता उसी प्रकार सृजनात्मकता के विभिन्न कला-माध्यमों में पराप्रयोगों की स्थिति के बाद क्या फिर कोई प्रयोग की स्थिति सम्भव है? हो सकता है कि अभी वह खतरनाक 'डेड-एण्ड' न आया हो परन्तु यह प्रश्न तो हम अपने से पूछ ही सकते हैं कि क्या विज्ञान की दिशा और आचरण ही सृजनात्मकता की दिशा और आचरण होना चाहिए? मूलभूत समस्या वही है कि व्यक्ति-सत्ता और सामूहिक महत् के साथ कलाओं का सृजनात्मक सम्बन्ध केवल जिज्ञासा का होना चाहिए अथवा रचने का? वस्तुतः गड़बड़ी इस सदी के आरम्भ में ही हुई पर और अधिक विचार करना विषयान्तर हो जायेगा इसलिए हम साहित्य और वह भी हिन्दी साहित्य तक ही अपने को देखें-परखें।

वस्तुतः हम बीसवीं सदी में एक प्रकार की पराजित मानसिकता के साथ प्रवेश करते हैं। अंग्रेजों ने इस देश की न केवल मध्यकालीन राजसत्ता पर ही अन्तिम रूप से आधिपत्य जमाया बल्कि पारम्परिक अर्थ-व्यवस्था, सामाजिक संरचना, उत्पादन-व्यवस्था, कला-कौशल तथा आस्था-मान्यताओं तक को प्रभावित किया। यह एक प्रकार की पूर्ण दासता का ढंग था जिसमें हमारा सब-कुछ अपहृत किया गया और हम एक राष्ट्र के स्थान पर मात्र एक उपनिवेश, मण्डी या बाजार में परिणत कर दिये गये, जो कि कमोबेश आज भी है। इस प्रकार की अस्मिताहीनता की स्थिति में उस गौरवपूर्ण प्राचीनता की स्मृति की दुहाई उपहासात्मक तो होनी ही थी जिसमें हम कभी सभ्यता और इतिहास में सिरमौर हुआ करते थे। गर्व करना तो दूर की बात थी, स्वयं हमें ही सन्देह हुआ, जो कि आज भी यथावत् है, कि क्या कोई वस्तुतः ऐसा गौरवशाली प्राचीन हमारा था भी? या यह निरी कपोल-कल्पना है? क्योंकि हमारे और उस प्राचीन के बीच डेढ़-दो हजार वर्षों का जो निकट का अतीत है वह भी तो हमारी मध्यकालीन दासता का ही है जिसमें हम राष्ट्र से प्रदेश, प्रदेश से क्षेत्र, क्षेत्र से गाँव-जुवार में ठेले जाते हुए जात-पाँत और कुल-परिवार में सिमटते ही चले गये और इसका नतीजा यह हुआ कि इतिहास और सभ्यता में हम निरे कायर और विदूषक की भूमिका में खड़े कर दिये गये। हताशा में दिग्विमूढ़ खड़े हमारे इस विदूषक स्वरूप को आवश्यकता थी आत्मविश्वास की, आत्मप्रतीति की, अस्मिता की, और यह कार्य किया स्वामी दयानन्द सरस्वती ने। उस समय तक वेद हमारे लिये सिर्फ एक ऐसी किताब भर थे जिसके कुछ मन्त्र यहाँ-वहाँ हमारे चारों ओर पूजा-पाठ के चावलों-जैसे छिटके भर थे। वे वाणी की आर्ष-ऊर्जा भी हैं इसका

बोध स्वामीजी ने पहली बार करवाया। हम उनके इस महत् कार्य से कितने लाभान्वित हुए या नहीं हुए यह विवाद का विषय हो सकता है परन्तु स्वामीजी के इस कार्य की ओर हमसे ज्यादा तो उस पश्चिम का ध्यान गया जिसने हमारा शोषण किया था और बाद में उनके ज्ञान-विज्ञान में इनका क्या उपयोग हुआ यह हमारे विषय के बाहर है। हाँ, यह जरूर कहा जाना चाहिए कि जिनके लिए स्वामीजी ने यह क्रान्तिकारी कार्य किया उन्हें न तो यह विश्वास आया कि वेद इतने महत्त्वपूर्ण ग्रन्थ हैं और न ही यह कि इनको लेकर पश्चिम के समक्ष सगर्व खड़े हो सकते हैं, शायद इसका बहुत बड़ा कारण यह भी था कि स्वामीजी अंग्रेजी नहीं जानते थे। अंग्रेजी ढंग की नयी शिक्षा-नीति तथा पद्धति का तब तक महत्त्व और प्रचलन स्थापित हो चला था जिसके कारण स्वामी दयानन्द सरस्वती महज एक पुनरुत्थानवादी व्यक्ति लगे और उनका सारा कार्य अवैज्ञानिक। फलतः हमने स्वामीजी को एक पन्थ, एक सम्प्रदाय में निःशेष हो जाने दिया। परन्तु ऐसी दुर्घटना उस दूसरी लहर के साथ नहीं घट सकी जो औपनिषदिक अद्वैतवाद को लेकर उठी और जिसके प्रवक्ता स्वामी विवेकानन्द थे। अमेरिका की धर्म-सभा में विवेकानन्द ने जिस प्रकार एकेश्वरवादियों के सामने भारतीय अद्वैत चिन्तन को प्रस्तुत किया उससे लगा कि पराजित राष्ट्र को रीढ़ मिली और शायद कुछ तो कमर सीधी हुई ही परन्तु दो हजार वर्षों की अस्मिताहीनता भला इन दो स्वामियों से कैसे दूर होती? इसके लिए गाँधी के आगमन तक प्रतीक्षा करना शेष था। मध्यकाल का जमा सारा कूड़ा न केवल सड़ ही चुका था परन्तु जात-पाँत, सवर्ण-हरिजन, ऊँच-नीच, बहुदेवतावाद, भाषायी विद्वेष, प्रादेशिक संकीर्णताएँ और अहम्मन्यताएँ आदि न जाने कितनी विषमताएँ दुर्गन्ध दे रही थीं। भारत एक राष्ट्र ही नहीं रह गया था। अंग्रेजों के लिए यह स्थिति सुकर थी जिसे उन्होंने अपने हित में रेलों, डाक-तार-व्यवस्था से ही नहीं बाँधा बल्कि अपनी भाषा, अपने विचार, अपनी सांस्कृतिक तथा साहित्यिक श्रेष्ठता सिद्ध करके इतनी चालाकी से हमें हमेशा-हमेशा के लिए ऐसा अपंग गुलाम बना दिया जैसा कि मध्यकाल का बड़े-से-बड़ा बर्बर, मदान्ध आक्रमणकारी भी न कर सका था। मध्यकाल की बर्बरता ने तो केवल मूर्तियों का ही भंजन किया परन्तु इस बीसवीं सदी के आरम्भ होने तक हममें की वह आधारभूत आस्था ही समाप्त हो गयी जिससे देवता, चिन्तन, साहित्य और कलाएँ

अस्मिता बनकर जन्म लेती हैं। चूँकि यह आक्रमण गुणात्मक और तात्त्विक था इसलिए हम हमेशा के लिए विचार और सृजनात्मकता के क्षेत्र में अविकसित या दोयम दर्जे के राष्ट्र बना दिये गये।

साहित्य में इसका पहला अहसास भारतेन्दु बाबू हरिश्चन्द्र में कई स्तरों पर मिलता है। काव्य, नाटक आदि के रूप में वह इस तनाव को अभिव्यक्त भी करते हैं तथा तत्कालीन लेखकों को अपने लेखन से ही नहीं बल्कि साहित्यिक पत्र 'कवि-वचन-सुधा' और 'हरिश्चन्द्र-चन्द्रिका' निकालकर एवं मंचीय गतिविधियों के द्वारा भी जागरण का उपक्रम करते हैं। इसका नतीजा काव्यभाषा में परिवर्तन एवं गद्य के आविर्भाव के रूप में सामने आता है। हमें यह नहीं भूलना चाहिए कि उन्नीसवीं सदी के साथ मध्यकालीन सामन्ती व्यवस्था और सोच-विचार में ही केवल बदलाव आया था, वे अभी पूरी तरह ध्वस्त नहीं हुए थे। पश्चिम की विचार और विज्ञान की जिस बड़ी लहर का सामना बीसवीं सदी के गोपुर पर हुआ वह हमारे लिये तो साम्राज्यवादी दासता ही थी। उस लहर की औद्योगिक प्रकृति और वैज्ञानिक आधुनिकता हमारी अपनी उपलब्धि नहीं थी। हम मध्यकालीन सामन्तवाद के शिकंजे से निकलकर पश्चिमी साम्राज्यवादी औपनिवेशिकता की चपेट में खड़े कर दिये गये थे। इस साम्राज्यवादी व्यवस्था का आधुनिक या औद्योगिक, जो भी प्रयोजन और प्रकार था वह केवल पश्चिम के लिए था, पूर्व के लिए तो वह मात्र शोषण की नयी व्यवस्था थी। इसलिए देश का सृजनात्मक तथा जागरूक मनस् जिस प्रकार की घुटन और दबावों को अनुभव कर रहा था उसकी अभिव्यक्ति का दायित्व कुछ काल के लिए साहित्य पर आ गया था, और तत्कालीन स्थितियों में इस अभिव्यक्ति का स्वरूप अनिवार्यतः रोमाण्टिक भावोद्वेग, विद्रोह के द्वारा ही सम्भव था। हम पाते हैं कि न केवल साहित्य ही बल्कि राजनीति भी

अनिवार्यत: रोमाण्टिक होने के लिए बाध्य हुई। अत: यह निर्विवाद कहा जा सकता है कि बीसवीं सदी का भारत और उसकी सारी मानसिकता रोमाण्टिक मानसिकता ही रही।

भारतेन्दु-काल के तत्काल बाद की हिन्दी-कविता में दो प्रमुख धाराएँ दिखलायी देती हैं। हालाँकि अभी व्रज पूरी तरह अप्रासंगिक नहीं हुई थी पर उसका केन्द्रीय महत्त्व छीजता जा रहा था। यदि इन दोनों धाराओं की काव्य-मानसिकता को ध्यान से देखें तो हम पाते हैं कि राष्ट्रीयता की चिन्तावाली अतीतोन्मुखी जिस धारा के प्रमुख कवि मैथिलीशरण गुप्त हैं उसका सोच और प्रकृति स्वामी दयानन्द सरस्वती के अधिक निकट है तथा प्रकृति से आदर्शात्मक, नैतिकतावादी तथा क्लासिक नियमबद्ध परम्परा के ज्यादा नजदीक है। अतीत के गुणगान करने के कारण प्राय: उसे हिकारत से हिन्दू-सोच की कविता भी कह दिया जाता रहा है। लेकिन काव्य की जिस प्रमुख धारा को छायावाद कहा जा रहा था अपने सोच, स्वरूप और प्रकृति में विद्रोह और अन्तर्राष्ट्रीय के साथ-साथ पश्चिम के रोमाण्टिक काव्यान्दोलन के ज्यादा निकट थी। हालाँकि छायावाद की रोमाण्टिक काव्य-प्रवृत्ति और पश्चिम की रोमाण्टिक मानसिकता में अपनी-अपनी परम्परा और ऐतिहासिकता के साथ-साथ तत्कालीन आवश्यकताओं में भी अन्तर था और किसी समर्थ आलोचक को इसे पूरे परिप्रेक्ष्य में सामने लाना चाहिए। तो, चिन्तन के स्तर पर छायावादी काव्य की पृष्ठभूमि में औपनिषदिक चिन्तन भी काम कर रहा था अत: वह स्वामी विवेकानन्द के ज्यादा नजदीक दिखती है। स्थूल से सूक्ष्म का विद्रोह, जड़ सत्ता के समक्ष चेतना का आह्वान, प्रकृति के प्रति उद्दाम ललक, भाषा की सूक्ष्म पकड़ आदि काव्य-मुद्राएँ सभी-कुछ सांकेतिक थीं जो कि पुकार-पुकारकर परिवर्तन की घोषणा-जैसी ही थीं। छायावादी कविता में यह उत्सर्ग भाव, अकेले सृजनात्मक मानसिकता की ही मुद्रा नहीं थी बल्कि क्रान्तिकारियों से लगात गाँधी, नेहरू, सुभाष बोस और राजनीति से संन्यस्त हुए अरविन्द घोष तक में इस रोमाण्टिक तत्त्व को देखा-समझा जा सकता है।

भारतेन्दु और छायावाद-काल की कविता-धारा के अन्तराल में सबसे महत्त्वपूर्ण परिवर्तन काव्यभाषा के स्वरूप में आया। ब्रज के स्थान पर खड़ीबोली प्रयुक्त होने लगी थी। ब्रजभाषा का अन्तिम बड़ा दावा और दबाव तो बाबू जगन्नाथदास 'रत्नाकर' के अप्रतिम प्रणयन 'उद्धव-शतक'

के साथ ही समाप्त हुआ। ब्रजभाषा का यह सृजनात्मक दबाव छायावाद के आरम्भिक चरण के समय तो निश्चित ही था। 'प्रसाद' ने काव्यारम्भ ब्रजभाषा से ही किया था परन्तु पन्त ने इस दबाव के प्रति खुला विद्रोह अपने 'पल्लव' की भूमिका में किया और यह समस्या हमेशा के लिए सुलझा ली गयी। छायावाद की महादेवी ही नहीं बल्कि 'नयी कविता' के एक प्रकार के आचार्य भी और कवि भी जगदीश गुप्त तो ब्रजभाषा की इस गिरफ्त से कभी बाहर नहीं निकल सके। खैर—इस अन्तराल को इतना श्रेय तो निश्चित ही जाता है कि खड़ीबोली के अकाव्यात्मक अनगढ़पन को आरम्भिक रूप में सँवारा और इतना सुथरा तो बना ही दिया था कि छायावाद के नफासतपसन्द कवियों को नाक-भौं सिकोड़ने की जरूरत नहीं पड़ी। उन्हें तो केवल खड़ीबोली के तद्‌भवीपन को सिर्फ रूमानी कविता के हिसाब से तत्समता देना ही शेष था और यह काम मुख्य रूप से प्रसाद, निराला और पन्त ने बखूबी किया।

काफी समय हुए जब डा० देवराज ने 'छायावाद का पतन' और यशपाल ने 'गाँधीवाद की शव-परीक्षा'-जैसे शीर्षकों से चौंकाने की मनोवृत्ति से ही किताबें लिखी थीं। वैसे आज भी कोई चाहे तो—'नयी कविता, एक महामारी' या 'प्रगतिवाद, कविता का करबला'-जैसे तेज-तर्रार और चौंकानेवाले शीर्षक देकर कुछ देर को ही ध्यान तो आकर्षित करवा सकता ही है। वैसे ऐसा नहीं हुआ है तो नहीं कहा जा सकता है फिर भी उन लोगों की बातें और लाग-डाँट केवल 'प्रतिमानों' तक ही सीमित रह गयी। लेकिन जब सन् '६५ में 'निराला-व्याख्यानमाला' में पन्तजी ने 'छायावाद पुनर्मूल्यांकन' शीर्षक से तीन भाषण इलाहाबाद में दिये थे तो उस समय ऐसा अवश्य लगा था कि पन्तजी भी शायद कुछ-कुछ वैसी ही हरकत कर रहे हैं जैसी कि देवराज या यशपाल ने की थी। जैसे उनका यह प्रतिपादन कि—"नयी कविता भी छायावाद का विकास है"—उस समय आपत्तिजनक लगा था। सन् '६५ तक 'अज्ञेय' के 'इन्द्रधनु रौंदे हुए', 'अरी ओ करुणा प्रभामय' तथा 'आँगन के पार द्वार' संग्रह प्रकाशित हो चुके थे, और निश्चित ही ये संग्रह ही उनकी काव्य-मेधा के शीर्ष-बिन्दु हैं। इन्हीं को आधार बनाकर पन्तजी ने अज्ञेय के सम्बन्ध में कहा था कि—"उनका काव्य छायावादी चैतन्य के अत्यन्त निकट आ गया है। बल्कि छायावादी चैतन्य-बोध को ही उन्होंने अनेक नये कवियों की तरह नयी कविता की

शिल्पकला के लिबास में प्रस्तुत किया है। स्तर उसका वही है, दृष्टि-वैचित्र्य अज्ञेय का अपना है''—पन्तजी का यह उद्धरण काफी विचारणीय लगता है। आइये, अब हम वात्स्यायन के विकास-सूत्र और क्रम को देखें और तभी पन्तजी के इस कथन की समीचीनता को परख सकते हैं।

आरम्भ में हमने क्रिकेट की भाषा में कहा था कि काव्य के क्षेत्र में वात्स्यायन अपनी पहली इनिंग में लगभग शून्य पर आउट हुए थे और दूसरी इनिंग उन्होंने 'हरी घास पर क्षण भर' तथा 'तार-सप्तक' और 'प्रतीक' द्वैमासिक के सम्पादन तथा 'दूसरा-सप्तक' की तैयारी से आरम्भ की थी। हमारा यह कथन, चौंकानेवाली भाषा में जरूर था परन्तु उसका उद्देश्य चौंकाना नहीं था बल्कि वास्तविकता को स्पष्ट करने की ही हमारी मंशा थी।

'आज के लोकप्रिय कवि, अज्ञेय' नामक संकलन की भूमिका में पण्डित विद्यानिवास मिश्र ने वात्स्यायनजी, जिन्हें वह आत्मीय स्तर पर 'भाई' कहते हैं, जीवन के बारे में सरसरी ही सही, पर थोड़ी जानकारी दी है। उसी आधार पर हम वात्स्यायन के व्यक्तित्व की कुछ पड़ताल करना चाहेंगे। उनके प्रारम्भिक दस वर्ष पिता के साथ श्रीनगर से लेकर लखनऊ, नालन्दा, पटना, उटकमण्ड आदि घूमते हुए ही बीते। पिता चूँकि स्कूली शिक्षा में विश्वास नहीं करते थे, रवीन्द्रनाथ के साथ भी ऐसा ही हुआ था, इसलिए घर पर ही पिता से संस्कृत, मौलवी से फारसी और अमेरिकी पादरी से अंग्रेजी की शिक्षा प्राप्त हुई। संस्कृत, परम्परा की भाषा थी, फारसी, तहजीब की भाषा थी और अंग्रेजी, शासकों की भाषा थी। घर में पता नहीं पंजाबी या हिन्दी क्या बोली जाती थी। विद्यानिवासजी ने सन् तो नहीं बताया परन्तु यह कहा कि पिता ने उन्हें हिन्दी सिखाना आरम्भ किया। हाँ, उस हिन्दी ज्ञान का परिमार्जन और परिष्कार पटना-प्रवास के समय रायबहादुर हीरालाल के हाथों हुआ। पंजाब से सन् '२५, तात्पर्य चौदह वर्ष की आयु में मैट्रिक पास की परन्तु इसके पूर्व ही वह संस्कृत के अनेक

आकर-ग्रन्थों के अलावा यूरोप के कई लेखकों-कवियों को पढ़ चुके थे। पढ़ने को तो लांगफेलो और ह्विटमैन को भी पढ़ चुके थे परन्तु टेनीसन की लयबद्धता के प्रभाव में उन्होंने ढेरों कविताएँ लिखीं। परिवार केवल सम्पन्न ही नहीं था बल्कि सदस्य-संख्या की दृष्टि से भी भरा-पूरा था। पर एक बात की ओर ध्यान जाता है कि सारे सम्बन्धों के बारे में कुछ-न-कुछ सन्दर्भ और सूचना मिलती है, और-तो-और पहली पत्नी से तलाक तक की चर्चा है परन्तु उस व्यक्ति या सम्बन्ध की कहीं कोई चर्चा ही नहीं मिलती, जो कि आधारभूत होता है—तात्पर्य माँ से है। वात्स्यायन के लेखन में भी इस सम्बन्ध की कोई दूरागत आहट तक नहीं मिलती। उसके उपन्यास 'शेखर : एक जीवनी' जिसे जरूरी नहीं कि उनका आत्मचरित मान ही लिया जाये, क्योंकि वह उपन्यास है, फिर भी उसमें शेखर का अपनी माँ के प्रति घृणा-बोध ही व्यक्त हुआ है। सवाल किया जाना चाहिए कि क्या ऐसा अनायास है? यह जिज्ञासा दूर की कौड़ी लाने मात्र के लिए नहीं है परन्तु व्यक्तित्व निर्माण की दृष्टि से महत्त्वपूर्ण जरूर है कि क्या इस आधारभूत अभाव ने, यदि वास्तव में कोई था तो, वात्स्यायन में एक मनोग्रन्थि का स्वरूप ग्रहण कर लिया था जिससे क्या कभी वात्स्यायन जीवनभर उबर पाये? कोई भी व्यक्ति अपने आरम्भिक संस्कारों का ही प्रतिफल होता है। शायद मेरठ की होमवतीजी, असम से प्रयाग आकर बसे स्वर्गीय आशा मुकुलदास की पत्नी श्रीमती अतसीलता दास या अपनी फुफेरी बहन इन्दुमती में इस अतृप्त मातृत्व की तलाश ही तो नहीं थी? और यदि थी तो अपनी 'माँ' में माँ को क्यों नहीं खोजा जा सका? किसी सीमा तक अवश्य इसकी तुष्टि इन देवियों में हुई होगी परन्तु जब माँ का चित्र भी वास्तविक माँ नहीं बन पाता तब भला दूसरे व्यक्ति या सम्बन्ध की बात ही क्या है। आश्चर्य तो यह है कि इस आधारभूत अतृप्ति की तलाश वात्स्यायन के साहित्य में कहीं नहीं है बल्कि उनके व्यक्तित्व के मौन से ज्यादा निर्मम है उनका यह सृजनात्मक मौन या अवज्ञा, और जो निश्चित ही अनायास नहीं है। अस्तु—

जिस कालावधि में वात्स्यायन लेखन में प्रवृत्त हुए, एक ओर तो वह बम-पिस्तौलवाली क्रान्तिकारिता का युग था और जिसमें वात्स्यायन भी भरपूर सक्रिय होते हैं तो दूसरी ओर छायावाद का प्रथम दौर पूरी तरह स्थापित हो चुका था। सन् '२० से '३० के दशक में प्रसाद, निराला और

पन्त अपनी उपलब्धियाँ प्राप्त कर चुके थे। हालाँकि अभी 'कामायनी' को आना था। महादेवी का—'नीहार' तक निकल चुका था तो साथ ही दिनकर, बच्चन, भगवतीचरण वर्मा, नरेन्द्र शर्मा अपनी सृजनात्मक उपस्थिति दर्ज करवा चुके थे। पन्तजी ही नहीं बल्कि विजयदेवनारायण साही तक इस काल को छायावाद का ही दूसरा दौर मानते हैं शायद इसका कारण इस काल की कविता के विद्रोह, उन्मेष और उन्मुक्तता की प्रकृति भी वही है जो केवल ऊपर से ही, पर केवल भाषा के स्तर पर ही, छायावाद से भिन्न है। साही की दृष्टि में छायावाद 'अपराजेय-संकल्प' का काव्य है तो यह दूसरा दौर 'अपराजेय विवशता' का। शायद इस अपराजेय-संकल्प के मूल में उसका मेटाफिजिकल होना भी सहायक है। मेटाफिजिकल का तत्त्व चिन्तन, साधना या अनुभव का क्षेत्र या विद्या नहीं है बल्कि एक ऐसी काव्यात्मक-मुद्रा है जो कवियों को तथा उनकी कविता को एक प्रकार की दिव्यता देती है और इसी तन्द्रात्मक मानसिकता में वह प्रकृति और महत् से सृजनात्मक संलाप की स्थिति अनुभव करते हैं। उनकी दृष्टि में यही भारतीय होना है। यह स्थिति रवीन्द्रनाथ में थोड़ी भिन्न है। उनकी काव्य-मुद्रा में यह कहीं गहरे रूप में वैष्णवी तन्मयता और बंगीय संस्कारों के कारण मिलती है। दूसरे दौर के छायावादी कवियों ने दार्शनिक मुद्रावाली छायावादी गम्भीरता तो छोड़ दी परन्तु अनन्त या उस पार की जिज्ञासा को बरकरार रहने दिया परन्तु एक प्रकार की सहजता, उन्मुक्तता भाव और भाषा दोनों ही स्तर पर प्रयुक्त की जिसके कारण जहाँ मैथिली बाबू ने अपनी 'भारत-भारती' या 'जयद्रथ-वध' आदि काव्य-ग्रन्थों से अप्रतिम लोकप्रियता अर्जित की लगभग उसके ही समानान्तर बच्चन की 'मधुशाला' ने भी लोकप्रियता प्राप्त की। कहा जा सकता है सन् '२० से लेकर '४० तक के इन दो दशकों में हिन्दी का काव्य सृजनात्मक दृष्टि से भी और लोकप्रियता की दृष्टि से भी 'स्वर्ण-युग' कहा जाना चाहिए। विस्तार भय से हम सन् '३० से '४० के दशक पर यहाँ अधिक विचार नहीं करेंगे परन्तु यह दशक बहुत महत्त्वपूर्ण रहा है इस पर अलग से तथा विस्तार से कहा जाना चाहिए। यह दशक वस्तुत: सब प्रकार के भारतीय रोमाण्टिसिज्म का उत्कर्ष बिन्दु है, जिसकी पूर्ण अभिव्यक्ति सन् '४२ के आन्दोलन में हुई। गाँधीजी के साथ प्राय: गैर रोमाण्टिक भाव ही जाता है परन्तु जो विद्रोह, उत्सर्ग और उदात्त अभिव्यक्ति उस काल की कविता, क्रान्तिकारिता में

प्रतिध्वनित हो रही थी भला मूर्तिमन्त भारत-व्यक्तित्व के गाँधी उस काव्य-शीर्षता से कैसे वंचित रह सकते थे? गाँधी की काव्य-प्रतिभा को उन्हीं के शब्दों में देखना ज्यादा अच्छा होगा—

The nations have progressed both by evolution and revolution. The one is as necessary as the other. Death which is an eternal verity, is revolution as birth and after is slow and steady evolution. Death is as necessary for man's growth as life itself. God is the greatest revolutionist the world has ever known or will know. He sends deluges. He sends storms where a moment ago there was calm. He levels down mountains which he builds with exquisite care and infinite patience. I do watch the sky and it fills me with awe and wonder. In the serene blue sky, both of India and England, I have seen clouds gathering and bursting with a fury which has struck me dumb. History is more a record of wonderful revolutions than the so-called ordered progress—no history more so than the English. And I beg to inform the correspondent that I have seen people trudging slowly up mountains and have also seen men shooting up the air through great heights.

जीवन और मृत्यु, क्रान्तिकारी ईश्वर, प्रलय-प्रवाह, वातावरण की प्रशान्तता में सहसा उठ आनेवाले तूफान, विदीर्ण होते पहाड़, विस्तृत आकाश, विकराल प्रलय-मेघों का घिरना, थके पैरों चढ़ता पर्वतारोही और महाशून्य में उल्काओं की भाँति छूटता मनुष्य—यह वर्णन क्या है? कविता, नहीं, आद्यन्त रोमाण्टिक कविता, जो इसके लेखक और लेखक के स्वत्व, विचारों तथा भाषा के बाहर बरबस फूटी पड़ रही है। लगता है अनासक्त

कर्मवीर गाँधी नहीं बल्कि बंगाल की चिन्मयकारी विवेकानन्द की वाणी फूटी पड़ रही है। स्वतन्त्रता के प्रति चरम रोमाण्टिक उत्कटता की यह देश-कालगत लयात्मकता ही थी जिसमें रवीन्द्र, प्रसाद, निराला, पन्त और महादेवी कविता लिख रहे थे। कई बार इतिहास में स्वतन्त्रता न केवल व्यवस्था या मूल्य ही होती है बल्कि आराध्य हो जाती है और उसके लिए होम हो जाना ही स्वत्व की पुकार बन जाता है। ऐसा ही इन दशकों में मरण-संकल्प था जो प्रभात-फेरियाँ, नमक-आन्दोलन, स्वदेशी का आग्रह, विदेशी कपड़ों की होली, निहत्थे सत्याग्रही बनकर डण्डे खाने से लेकर काल-कोठरियों की यातना और फाँसी के फन्दे पर 'वन्दे मातरम्' कहकर गाँव-गाँव, सड़क-सड़क पर उत्सर्गित हुआ। भला किसी साम्राज्यवादी व्यवस्था, राजसत्ता के साथ इतिहास का यह निहत्था प्रतिकार-आचरण रोमाण्टिक नहीं तो और क्या कहा जा सकता है? क्या क्रान्ति से बड़ी भी कोई रोमाण्टिक मानसिकता और आचरण सम्भव है?

वात्स्यायन के सन्दर्भ में यह संयोग महत्त्वपूर्ण है कि जिस कालखण्ड में वह क्रान्तिकारी आन्दोलन के सम्पर्क में आये उसी अवधि में जेल की दीवारों में घिरे वह अपना लेखन भी आरम्भ करते हैं। परन्तु इन परिस्थितियों में लेखन का जैसा प्रकार प्रायः हो जाता है वैसा नहीं हो सका बल्कि वही आत्ममुखीपन है जो उबाल खाता है पर किसी महत् के लिए नहीं, जो सब-कुछ कह डालने के बिन्दु पर अपना फन उठाता है, लेकिन किसी उदात्त के सन्दर्भ में नहीं बल्कि कोई आधारभूत अतृप्ति, ग्रन्थि है जो जेल की कोठरी के पत्थरों से विवश पक्षी की भाँति टकराती है और चक्कर मारती रहती है। निश्चित ही वात्स्यायन से सहानुभूति होती है कि इतिहास, राष्ट्र और मानवता के साथ जिस क्रान्ति-पथ पर चलकर वह उत्सर्ग के महासागर के तट पर पहुँचते हैं वहाँ भी कोई 'छाया' बनकर उनका साथ नहीं छोड़ती बल्कि एक प्रेत या ग्रन्थि बनकर कोठरी के अँधेरेपन में भी तथा अन्तर के खौलते एकान्त में भी चीत्कार करती है। क्या है वह छाया? कौन है वह छाया? जो शेखर को पहले तो मोहती है और फिर अपने शिकंजे में कसकर स्मृतियों की चट्टानों पर पछाड़ती ही चली जाती है। मृत्यु के सर्द बियाबान में पहुँचकर वात्स्यायन-जैसी मेधा क्यों नहीं तेजस्वी डास्टावस्की-जैसी बन सकी, का ही आश्चर्य होता है। विद्यानिवास मिश्र जो तस्वीर प्रस्तुत करते हैं उससे तो यही लगता है कि व्यक्ति अपने

संस्कार, परिवेश को चीरकर और कुछ नहीं बन पाता। पिता के उस उच्चवर्गीय, अलग-थलगवाले वातावरण में तथा अन्यान्य भावनात्मक कारणों से भी वात्स्यायन का सहज विकास न होकर एक प्रकार का आत्ममुखी, सशंकित व्यक्तित्व ही स्वरूपित हो सकता था, सो हुआ। इस आत्ममुखीपन और कुण्ठाओं की चट्टानों के नीचे दबा-कुचला मन 'शेखर : एक जीवनी' में इतने सटीक रूप में देखा जा सकता है कि कई बार लेखक वात्स्यायन और चरित्र शेखर में भिन्नता ही नहीं रह जाती है। ऐसा, इस उपन्यास की उत्तम पुरुष शैली के कारण नहीं है बल्कि इस उपन्यास में वर्णित अनुभवों के अंगारों की आग आपकी, तात्पर्य पाठक की, अँगुलियों को भी झुलसाने लगती है। उपन्यास, एक किताब न रहकर पर्दा बन जाता है और कुण्ठाएँ, भीगी जलपरियों की उद्दाम देहों के आमन्त्रण-सी आपके सामने घटित होने लगती हैं। जो हो, वात्स्यायन के असन्तोष, इस हाड़तोड़ उद्दामता के निश्चित ही कारण रहे होंगे जिसने उन्हें आत्ममुखी के साथ-साथ साहसिक भी बनाया। यह साहसिकता ही अगत्या उन्हें क्रान्तिकारी भी बनाती है, परन्तु लगभग छह वर्ष की जेल, फरारी, नजरबन्दी के साथ-साथ क्रान्तिकारी साथियों के आचार-व्यवहार ने वात्स्यायन के आत्ममुखीपन के मायाजाल को विखण्डित ही नहीं किया बल्कि दरार, उसके बाद फिर दरार का सिलसिला निर्मित किया। वे अनुभव क्या थे, कैसे थे, की हमें कोई जानकारी नहीं परन्तु आभास तो मिल ही जाता है कि वे अप्रिय भी थे और शायद अनैसर्गिक भी। वात्स्यायन के क्रान्तिकारी साथियों में वैशम्पायन और यशपाल भी रहे हैं। उन्होंने, खासकर यशपाल ने, वात्स्यायन को अपने तरीके से देखा, जो सही भी हो सकता है और गलत भी। हमें यहाँ-वहाँ से वात्स्यायन के पक्ष से इस काल के अनुभवों की जानकारी जो कुछ होती है वह नाकाफी है, परन्तु इतना तय है कि वे अनुभव निश्चित ही अप्रिय थे। अच्छा यही हुआ कि वात्स्यायन उसके बाद, शायद अपनी मूल प्रकृति समझ ले गये थे इसलिए, फिर किसी सक्रिय राजनीति में नहीं गये। इस सन्दर्भ में हमें थोड़ी क्रान्तियों की प्रकृति और चरित्र को भी जान लेना चाहिए।

वस्तुतः स्वतन्त्रता, एक अस्मिता, एक मूल्य भी है इसका व्यवस्थित चिन्तन फ्रेंच क्रान्ति के बाद ही हुआ। प्रत्येक स्वतन्त्रता की प्राप्ति के लिए संघर्ष ही एकमात्र रास्ता या प्रक्रिया है। चूँकि इस ऐतिहासिक प्रक्रिया के

दौरान पूरे समाज की भी सहभागिता होती है इसलिए उसका एक नैतिक होना भी जरूरी होता है। अत: इस नैतिक आधार पर चलकर ही क्रान्तियाँ शक्ति के उस गोमुख तक पहुँचती हैं जो उनका परम लक्ष्य होता है। वैसे तो शक्तिमात्र और खासकर राजशक्ति, क्रान्ति की सफलता के बाद कितनी खतरनाक हो जाती है इसे फ्रेंच और रूसी क्रान्ति में तथा अपने ही देश में हम देख चुके हैं कि सत्ता में पहुँच जाने के बाद सारी नैतिकता, मूल्यवत्ता सबकी धज्जियाँ उड़ जाती हैं। प्रत्येक क्रान्ति में से प्रतिक्रान्तियाँ, षड्यन्त्र जन्म लेते हैं और इन सबकी परिणति आपसी हत्याकाण्डों से लेकर भीषण रक्तपात में होती है। शायद क्रान्ति की इस आधारभूत चारित्रिक विषमता को गाँधी ने ठीक-ठीक पहचाना था इसलिए वह सत्ता के निकट पहुँचकर भी सत्ता-विमुख थे। इस सन्दर्भ में हम गाँधी के उस आचरण को देखें जब भगतसिंह और आजाद के क्रान्तिकारी बमों और पिस्तौल की गोली से ब्रिटिश व्यवस्था और देश में धमाका हुआ था तो तमाम देश को कतई ऐसा नहीं लगा था कि कुछ अनैतिक हुआ क्योंकि उनका ध्येय पवित्र था—स्वाधीनता। परन्तु अकेले गाँधी ने उद्देश्य की पवित्रता से ज्यादा चरित्र की नैतिकता का पक्ष लिया जिसके नष्ट हो जाने पर सफल क्रान्तियाँ, क्रूर, निर्मम, अमानवीय राज्य-व्यवस्था में परिणत हो जाती हैं और गाँधी के इस विरोधी स्वर की खासी खिल्ली उड़ायी गयी थी। क्रान्ति की नैतिकता को कुचलकर शक्ति के निकट पहुँचकर वही क्रान्तिकारी मदान्ध सत्ताकामी बन जाया करते हैं, और क्रान्ति भ्रष्ट हो जाती है, शायद इस आधारभूत विषमता को गाँधी भलीभाँति जानते थे, खैर।

तो, क्रान्तिकारी जीवन और वहाँ के अनुभवों से वैयक्तिक भी और सम्भव है सैद्धान्तिक भी, मोहभंग के बाद तथा अपने आरम्भिक जीवन की पृष्ठभूमि के कारण भी वात्स्यायन का ध्यान क्रान्ति के केवल शक्तिवाले पक्ष पर ही केन्द्रित हुआ, न कि नैतिक पक्ष पर, और यही है वह आधारभूत टूट जो उनके सर्जक में अभिव्यक्त हुई। इसकी विशद चर्चा आगे आयेगी। यहाँ हम कुल इतना जान लें कि इस काल की कविताओं में तथा उपन्यास में प्रखर दर्प और उद्दाम वासना ही अभिव्यक्त हुई। कोई अतृप्ति है जो कविताओं में भी विभिन्न बिम्ब और प्रतीक बनकर अमूर्त छाया से संलाप करती है, उसके पीछे भागती है और प्रत्येक शाम पराजय अनुभव करती है। चूँकि उपन्यास हाड़-मांस का संसार अधिक होता है, जहाँ सम्बन्ध भी

होते हैं और मर्यादाएँ भी, परन्तु वासना का वह कैसा उद्वेग है जो सम्बन्धों और मर्यादाओं को तिरोहित करता हुआ हरहराता है। निश्चित ही इस सबके पीछे कोई 'काम्प्लेक्स' है। वह क्या है, उसको क्या नाम दिया जा सकता है की चेष्टा व्यर्थ है क्योंकि सम्भव है हमारा यह सारा कोरा अनुमान ही सिद्ध हो परन्तु एक बात तय है कि प्रत्येक सृजनात्मक मानसिकता का निर्माण किस-किस तरह के अनुभवों, काम्प्लेक्सों से निर्मित होता है कि वह सरल या सहज मानसिकता किसी भी दृष्टि से नहीं कही जा सकती। सृजनात्मक मानसिकता किसी भी काल के किसी भी कवि में होती दुरूह ही है। स्वरूप ग्रहण करने या आकृति प्राप्त करने के लिए सीधी रेखा को भी 'वाइब्रेशन्स' की प्रक्रिया में से गुजरना ही पड़ता है। परन्तु यह उस सर्जक पर निर्भर करता है कि उसे वह किस प्रकार और प्रयोजन के लिए प्रयुक्त करता है। साहित्य के क्षेत्र में सन्त दिखनेवाले सर्जक भी निश्चित ही दुरूह मानसिकतावाले ही होते हैं, मगर यह बात दीगर है कि उन्होंने अपनी सारी कुण्ठाओं, वर्जनाओं को किसी महत् चरित्र, आख्यान या उद्देश्य में विलीन या परिणत कर दिया होगा। हम इस सन्दर्भ में एक ही उदाहरण देना चाहेंगे कि अपने उस दुरूह सृजनात्मक व्यक्तित्व पर तुलसी सर्जक रूप में आरूढ़ होकर महत् में परिणत कर पाते हैं जबकि गालिब उस रूप में नहीं कर पाते परन्तु इससे गालिब की सृजनात्मक श्रेष्ठता में बाल बराबर भी फर्क नहीं पड़ता लेकिन इससे सृजनात्मकता के स्तर में भिन्नता तो आ ही जाती है।—हम केवल व्यक्तित्व के आचरण और प्रकार को दिखाना चाहते थे। —वात्स्यायन ने अपनी विषमता के सन्दर्भ में अपने और अपनी आन्तरिकता के बीच मौन की एक अभेद्य दीवार खड़ी कर ली। खैर, वात्स्यायन एक प्रकार से व्यक्ति के रूप में साहित्यिक जगत् और उसकी सामान्य गतिविधियों के सम्पर्क में सन् '३६ में ही आये होंगे जब वह आगरा के 'सैनिक' और बाद में सन् '३७ में कलकत्ता से निकलनेवाले 'विशाल भारत' में पहुँचे होंगे। हालाँकि जेल के दिनों में लिखी गयी कहानियाँ जैनेन्द्रजी के प्रयास से पत्रिकाओं में निकलने लगी थीं परन्तु उनकी कविताएँ अभी भी पण्डित बनारसीदास चतुर्वेदी-जैसे प्रमुख सम्पादकों के गले के नीचे नहीं उतर रही थीं। चूँकि उनके क्रान्तिकारी होने के कारण वास्तविक नाम से कहानियाँ नहीं छप सकती थीं इस कारण शायद जैनेन्द्रजी द्वारा ही 'अज्ञेय' नाम दिया गया। कई बार

अज्ञात में ही, बल्कि ज्यादातर ऐसा ही होता है, चीजों की, व्यक्तियों की बड़ी सटीक संज्ञाएँ बन जाया करती हैं।

वात्स्यायन के पहले दौर की कविताएँ गद्य और पद्य दोनों में हैं। इस काल की कविताओं पर छायावादी काव्यभाषा से ज्यादा मैथिलीशरण गुप्त का प्रभाव कहीं अधिक स्पष्ट है। हाँ, मुद्रा की दृष्टि से भले ही वह छायावाद, तात्पर्य दूसरे दौर के छायावाद के ज्यादा नजदीक हों। एक प्रकार से तो यह भी कहा जा सकता है कि उनके इस काल के गीत मैथिली बाबू के गीतों की स्टाइल की याद दिलाते हैं—वैसे ही काव्यहीन तुकें और सपाटबयानी। श्री भोलाभाई पटेल 'चिन्ता' की कविताओं में रवीन्द्र का प्रभाव देखते हैं। 'दृष्टि पथ से तुम जाते हो जब' नामक कविता में राविन्द्रिक प्रभाव मानते हैं जबकि स्वयं वात्स्यायन 'आत्मनेपद' में इस प्रकार का कोई राविन्द्रिक प्रभाव नहीं स्वीकारते। वस्तुत: भोलाभाई पटेल यह भूल जाते हैं कि उस काल में 'मैं और तुम' काव्य का बड़ा ही चालू विषय और आम मुहावरा था, यह कोई वात्स्यायन की ही विशेषता नहीं थी। स्वयं निराला, पन्त और महादेवी ने भी इस तरह की कविताएँ लिखी हैं। इसलिए यदि ऐसा कोई प्रभाव ढूँढ़ा ही जाये तो उसके लिए बंगाल तक जाने की कोई आवश्यकता नहीं बल्कि उसका स्रोत छायावाद में ही मिल जायेगा। वैसे भी रवीन्द्रनाथ ठाकुर का प्रभाव भारतीय कविता पर सामान्य रूप से पड़ा जरूर था अत: कुछ तो प्रभाव वात्स्यायन में भी ढूँढ़ा जा सकता है परन्तु कुल मिलाकर भाषा, काव्य-मुद्रा और ललित प्रभाव की दृष्टि से रवीन्द्र का वात्स्यायन पर प्रभाव दूर की कौड़ी लाने-जैसा ही है। वात्स्यायन की इस काल की कविता का टम्पर निहायत ही अनगढ़ है। एक तथ्य की ओर भी ध्यान जाना चाहिए कि उस काल में एक और भी व्यक्ति हुआ है जिसका रवीन्द्रनाथ से कम प्रभाव नहीं पड़ा था और वह था—खलील जिब्रान। लेबनान के इस कवि ने बीसवीं सदी के आरम्भिक दशकों में कुछ नीत्शे-जैसे पैगम्बरी तेवर, कुछ सूफियाना अन्दाज और कुछ पौर्वात्य रहस्यवाद की ऐसी झिलमिली, चमत्कारिक सृजनात्मकता उत्पन्न की थी कि उसके प्रभाव से गद्य-काव्य की विधा ही सामने आयी। वैसे गद्य-काव्य लिखने की प्रेरणा के पीछे 'गीताञ्जलि' का भी हाथ है परन्तु खलील जिब्रान के 'प्राफैट' का अवदान कम नहीं था। हो सकता है वात्स्यायन पर इसका भी प्रभाव रहा हो। हमें यह नहीं भूलना चाहिए कि प्रत्येक कवि पर

हर समय सृजनात्मकता के सभी कालों के सभी स्रोत उन्मुख हुए रहते हैं। यह उस कवि पर निर्भर करता है कि वह क्या, किसे और कैसे चुनता है और उन्हें प्रयुक्त कर आगे बढ़ जाता है। जहाँ तक वात्स्यायन का सवाल है इस काल की उनकी पद्यात्मक रचनाएँ सभी दृष्टियों से उनकी गद्यात्मक या गद्य-काव्यात्मक रचनाओं की अपेक्षा काफी कमजोर हैं। लगता है कि इस काल में पद्य, काव्य नहीं बन पा रहा है। काव्य की लय छूट-छूट पड़ रही है। भाषा, कथ्य और लयात्मकता की दृष्टि से ये कविताएँ महत्त्वपूर्ण नहीं कही जा सकतीं। हाँ, केवल अहं और अतृप्ति का विस्फोट और कुण्ठा की खीझ अवश्य दिखलायी देती है। स्वयं भोलाभाई पटेल भी मानते हैं कि कई बार 'सम्भोग की स्थूलता अरुचिकर' है। श्री पटेल की इस निष्पत्ति से कमोबेश वात्स्यायन के सभी आधिकारिक आलोचक सहमत हैं। स्वीकृति का ढंग निश्चित ही सबका अपना-अपना ही होगा, परन्तु सार यही है। अस्तु—

जिस अवधि में वात्स्यायन सक्रिय हुए या साहित्यिक जगत् के सम्पर्क में आये वह कई दृष्टियों से महत्त्वपूर्ण समय था। छायावाद की शीर्षतम काव्याभिव्यक्ति के रूप में तभी 'कामायनी' का प्रकाशन हुआ ही था। 'मधुशाला' की चरम लोकप्रियता के बाद 'निशा-निमन्त्रण' का भी यही समय है। नरेन्द्र शर्मा के मधुर गीतों की मनोरमता से काव्य-जगत् रससिक्त हो रहा था। दिनकर की ओजस्विता की हुंकार भी सुनायी दे रही थी तो 'चित्रलेखा' के लेखक भगवतीचरण वर्मा के फक्कड़पन की अपनी ही एक अदा थी। इस प्रकार के वातावरण में निश्चित ही वात्स्यायन को असुविधा और विषमता अनुभव हुई होगी। सबसे पहले तो यह कि सन् '३० से '४० वाले दशक के इस काव्य की भाषा से तो निश्चित ही उन्हें कोई आपत्ति नहीं रही होगी परन्तु झूम-झूमकर काव्य-पाठ का ढंग और कवि-सम्मेलनों का स्वरूप भी उन्हें अपने गम्भीर व्यक्तित्व के अनुरूप नहीं लगा होगा। उनकी कविता का प्रकार चाहे इस दूसरे दौर के छायावादी कवियों से मिलता रहा होगा परन्तु एक प्रकार की गम्भीर काव्य-मुद्रा का वेष्टन उन्हें अपने लिये आवश्यक था जो कि मूल छायावादी कवियों के पास था इसलिए गम्भीर काव्य-मुद्रा के साथ इन मनमौजी, खुले स्वभाव के कवियों के बीच होने में उन्हें निश्चित ही कठिनाई लगी होगी, लेकिन छायावादियों के साथ भी वह नहीं बैठना चाहते रहे होंगे। साथ ही भाषा की जो सृजनात्मक पकड़, रवानी और लालित्य तथा हिन्दीपन बच्चन, नरेन्द्र, दिनकर आदि में मँजे रूप में थी वैसा कुछ वात्स्यायन में नहीं था इसलिए भी सम्भव है कि संकोच हुआ होगा। तीसरे यह कि विदेशी साहित्य और काव्य का जो स्पष्ट प्रभाव उनके सृजनात्मक मनस् पर पड़ा था उसे वह अभी तक न तो कथ्य में और न भाषा में किसी में भी समर्थ रूप में अभिव्यक्त नहीं कर सके थे इसलिए न तो वह मैथिली बाबू के सहज, ग्रामीण काव्य-संसार से तादात्म्य अनुभव कर पा रहे होंगे और न ही

छायावादी कविता के कलात्मक लोक में पैठ पा रहे होंगे और न ही दूसरे दौर के कवियों के सहजपन को अंगीकार कर सके होंगे। तो क्या उस काल में प्रकाशित 'त्रिशंकु', इस शीर्षक में भी कोई व्यंजना थी?—'त्रिशंकु' में उन्होंने जो टी० एस० इलियट के जिस निर्वैयक्तिकता के सिद्धान्त की वकालत की उसके पीछे भी क्या इसी मानसिक विवशता का हाथ है? क्योंकि आगे हम देखेंगे कि इस निर्वैयक्तिकता के सिद्धान्त से उनकी सृजनात्मकता का कभी कोई वास्ता नहीं रहा। जिस आसक्त रोमाण्टिकता को वह नकारना चाहते हैं कि "कविता भावों का उन्मोचन नहीं है बल्कि भावों से मुक्ति है, वह व्यक्तित्व की अभिव्यंजना नहीं बल्कि व्यक्तित्व से मोक्ष है"—का वह स्वयं कितना पालन कर सके, जानना भी दिलचस्प होगा। इतना तो निर्विवाद रूप से कहा जायेगा कि वात्स्यायन या उनके आधिकारिक आलोचक चाहे जो कहें पर वह आद्यन्त रोमाण्टिक ही हैं। पता नहीं उनकी कविताओं से उनके व्यक्तित्व को मोक्ष मिला कि नहीं। हाँ, बीच-बीच में, बाद के काल में, जब-जब उन्हें इस निर्वैयक्तिकता के सिद्धान्त का स्मरण हो आता था तब-तब वे कविता के नाम पर बौद्धिक पद्य अवश्य लिखने लगते थे, बल्कि हठपूर्वक। बच्चन, नरेन्द्र शर्मा या भगवतीचरण वर्मा से उनका विद्रोह तो समझा जा सकता है परन्तु स्वयं से विरोध करने की क्यों आवश्यकता हुई? वह रोमाण्टिक हैं—इसे उनके आलोचक रामस्वरूप चतुर्वेदी या अन्य न मानें, परन्तु स्वयं वात्स्यायन को यह मानने में क्यों परहेज हुआ, समझ में नहीं आता। वैसे कई बार आदमी ऐसे भ्रम पाल लिया करता है कि वह होता कुछ है और दिखना कुछ चाहता है। वह मानता कुछ है और लिखता कुछ है। अंग्रेजी में मैथ्यू अरनाल्ड और बायरन के साथ भी यही विषमता घटित हुई कि सिद्धान्त की दृष्टि से 'क्लासिसिज्म' के पक्षधर रहे परन्तु सर्जना के समय नितान्त रोमाण्टिक।

परन्तु कई बार वैयक्तिक कारणों से लिये गये निर्णय भी बृहत्तर सन्दर्भ में महत्त्वपूर्ण हो जाया करते हैं, बल्कि अवदान तक भी। लोकप्रियता के

मूल्य पर काव्य को पुनः गम्भीर बनाये जाने के वात्स्यायन के निर्णय का कालान्तर में कितना महत्त्वपूर्ण प्रभाव पड़ा इसे हम-आप सब जानते हैं—सर्वथा नये प्रकार की कविता का जन्म। छायावाद का दूसरा दौर भी सन् '४० के आते-आते लगभग छीजने लगा। इसके कई बाहरी और ऐतिहासिक कारण थे जिन पर सरसरी ही सही, पर दृष्टि डालना जरूरी है।

यद्यपि युद्ध हमारी भूमि पर नहीं हुआ था पर अंग्रेजों की कृपा के कारण उसकी मार और प्रकोप से हम नहीं बच पाये। वस्तुतः दूसरा विश्व-युद्ध पूरी मानवता के लिए नितान्त निर्णयकारी सिद्ध हुआ। युद्ध की आँच में प्राचीन तथा पारम्परिक मूल्य, परम्पराएँ, मान्यताएँ, व्यवस्थाएँ, व्यक्ति का पारिवारिक और सामाजिक जीवन सभी-कुछ स्वाहा हो गये। सम्भव है ऐसी असहाय स्थिति की मानसिकता महाभारत के युद्ध के बाद भी हुई हो। प्राचीन के भस्मावशेष पर निरवलम्ब खड़ी मानवता के पास नवारम्भ करने के लिए न कुछ मूल्य थे, न दृष्टि थी, न आदर्श था और न ही विश्वास या संकल्प। सन् '४० के तत्काल बाद हमारे देश में बंगाल का भीषण अकाल, कमरतोड़ महँगाई, राशन की मीलों लम्बी लाइनों में खोया व्यक्ति अजीब रूप से दिग्भ्रमित होने लगा था। स्वतन्त्रता का आन्दोलन अपनी निर्णयकारी स्थिति में पहुँचने के लिए बाधित हो रहा था। सन् '४० में रवीन्द्र का चिरनिद्रा में लीन हो जाना, बीसवीं शती के काव्य-वैभव का सदा के लिए आँखें मूँद लेना जैसा हुआ। मजदूरों में असन्तोष बढ़ता ही जा रहा था। युद्ध भी भीषण-से-भीषणतर होता जा रहा था। युद्ध-शक्तियों के समीकरण गड़बड़ा गये थे फलतः युद्ध की प्रकृति ही बदल गयी थी। गाँधी-जैसे शान्त-प्रशान्त मनस् को भी आखिरकार सन् '४२ में 'करो या मरो' घोषित करना ही पड़ा। सुभाष बोस का ऐतिहासिक पलायन और उसके बाद 'आजाद हिन्द फौज' से लेकर भारत की स्वतन्त्रता का अभियान तथा देश का विभाजन—ऐसी अनेकानेक छोटी-बड़ी घटनाएँ घट रही थीं। सारा देश विशाल कारागार में परिणत हो गया था। अंग्रेजों पर राष्ट्रीय आन्दोलन और अन्तर्राष्ट्रीय युद्ध का दबाव पड़ रहा था कि भारत को आजादी दें और सन् '४५ में बीसवीं सदी के विश्वव्यापी इस महान् रोमाण्टिसिज्म की घोर चीख हिरोशिमा-नागासाकी पर अणु बम के प्रहार में सुनायी दी और उसके बाद सारी प्राचीनता और पारम्परिकता सदा के लिए एक महाश्मशान में परिणत हो गयी।

इस महान् उथल-पुथल में काव्य की छायावादी गम्भीरता तथा काव्य की लोकप्रियतावाली मुद्रा आदि सब न जाने कहाँ तिरोहित हो गये, पता ही नहीं चला। भला इस अन्धेरगर्दी में राहों के अन्वेषियों के अपरिचित स्वरों और मुद्राओंवाली कविता को कागज और छपाई के उस संकट में कौन छापता ही? अतः सहयोगी प्रकाशन की सम्भावना 'तार-सप्तक' के रूप में मूर्त हुई। सात भिन्न प्रकार की मानसिकता, शैली और रुझान के कवि एकजुट हुए, जो नहीं जानते थे कि अनजाने ही उनके द्वारा कितने बड़े काव्य-आन्दोलन का आरम्भ तथा शिलान्यास हुआ। बहुत बाद में 'तार-सप्तक' योजना की मूल परिकल्पना के दावे को लेकर कुछ लिखा-पढ़ा गया कि यह विचार वात्स्यायन का अपना नहीं दूसरे लोगों का है। मैं नहीं जानता कि ऐसा कोई दावा वात्स्यायन ने कभी किया कि वह इसके केवल सम्पादक ही नहीं बल्कि इस योजना के जनक भी हैं। वैसे भी इस विवाद का कोई अर्थ नहीं था। खैर—शायद वात्स्यायन अब तक सन् '३५ से '४० के बीच की अपनी हताशावाली मानसिकता को चीरकर सर्वथा नये रूप में सामने आ चुके थे क्योंकि उनके पास अब नयी काव्यदृष्टि, नयी काव्य-सम्भावनाएँ और दूसरों के लिए मार्ग-प्रशस्ति सम्बन्धित योजनाएँ थीं। यह हिन्दी कविता के लिए शुभ हुआ कि वात्स्यायन छायावादी काव्य के दूसरे दौर के कवियों के गोल में नहीं शरीक हुए। उन्होंने काव्य के लिए जो जोखिम उठाया वह भी यही सिद्ध करता है कि ऐसा कोई क्लासिकल कवि नहीं किया करता वरन् रोमाण्टिक मानसिकता का सर्जक और व्यक्ति के द्वारा ही सम्भव होता है। वात्स्यायन को जो आलोचक गैर-रोमाण्टिक सिद्ध करना चाहते हैं पता नहीं वे क्या सिद्ध करना चाहते हैं। सम्भव है वे यह मानते हों कि गैर-रोमाण्टिक होना रोमाण्टिक होने से कहीं श्रेष्ठ है। यदि ऐसा है तो इस आलोचकीय समझ के प्रति केवल प्रार्थना ही की जा सकती है। —अब हम देखेंगे कि सन् '४० से '५० के दशक में वात्स्यायन की स्थिति और भूमिका हताश अनुगामी से निकलकर विश्वस्त सहगामी की तथा कालान्तर में संकल्पित अग्रगामी की कैसे हुई।

वात्स्यायन के आगे के सृजनात्मक व्यक्तित्व पर विचार करने के पूर्व तत्कालीन साहित्यिक वातावरण और उनसे वात्स्यायन के सम्बन्धों को जानना भी जरूरी है क्योंकि अब वह एक बड़े लेखक के साथ ही साहित्यिक नेता के रूप में भी प्रतिष्ठित होने लगे थे। उस समय व्यापक तौर पर प्रगतिशील आन्दोलन ही एकमात्र संगठित स्वरूप था तथा उससे बाहर छिटपुट स्थानीय लेखक हुआ करते थे। पर यह स्थिति इलाहाबाद में नहीं थी। इलाहाबाद में प्रगतिशील संगठन जितने सुगठित रूप में था उससे कहीं अधिक व्यवस्थित 'परिमल' नामक एक संस्था भी थी जिसमें वैचारिक स्तर पर भी तथा रचनात्मक स्तर पर भी कहीं अधिक सम्भावनाओंवाले लेखक थे। फिर भी इलाहाबाद में बराबर की लाग-डाँट तथा गहमागहमी थी। वात्स्यायन के सम्बन्ध कालान्तर में 'परिमल' से सुदृढ़ हुए पर इस चर्चा के पूर्व उस आधारभूत सम्बन्ध से आरम्भ किया जाये जिसे प्रगतिशील आन्दोलन कहा जाता है। इसके लिए हमें थोड़ा पीछे जाना होगा, मतलब सन् '४२ में। दिल्ली में सन् '४२ में एक 'फासिस्ट-विरोधी लेखक-सम्मेलन' हुआ था जिसमें प्रगतिशील लेखक भी शामिल हुए थे तथा वात्स्यायन भी। द्वितीय विश्व-युद्ध को लेकर विरोध सबके मन में था पर कारण अपने-अपने थे। इस 'कामन' बात के अलावा वात्स्यायन भी स्वाधीनता-आन्दोलन से असहमत थे पर इस बारे में भी उनके तर्क भिन्न थे लेकिन स्थिति एक-जैसी ही बनी। खैर, इस 'फासिस्ट-विरोधी लेखक-सम्मेलन' में आखिरकार वात्स्यायन की कृशनचन्दर, रामविलास शर्मा और शिवदानसिंह चौहान के कम्युनिस्टी दृष्टिकोण से सहमति न हो सकी। युद्ध को गलत मानते हुए भी सुरक्षात्मक युद्ध की अनिवार्यता की भिन्न दृष्टि के कारण वात्स्यायन तथा साहिद अलग पड़ गये। कम्युनिस्टों के लिए जो युद्ध

आरम्भ में साम्राज्यवादियों का युद्ध था वही कालान्तर में रूस के आ जाने पर सहसा 'पीपुल्स-वार' बन गया। ऊपर से देखने पर तो यह मात्र एक मतभेद-जैसा दिखता है परन्तु इसके नीचे आत्मीय सम्बन्धों की भी दरार थी, जिसके अन्यान्य वैयक्तिक कारण भी थे। केवल संकेत किया जा सकता है कि यदि कृशनचन्दर और वात्स्यायनवाली इस सीधी रेखा के सामने एक बिन्दु बलराज साहनी का रखकर देखें तो हम पायेंगे कि सीधी रेखा, त्रिभुज बन जाती है और जो कि कभी आत्मीय अन्तरंगता का त्रिभुज था और जिसके खण्डित होने पर कुछ नहीं बल्कि बहुत-कुछ अवांछित भी घटा था, जिसे वात्स्यायन भी कभी नहीं भूल सके। यह प्रसंग इसलिए आया कि ऊपर से सैद्धान्तिक लगनेवाले विरोध में छुपी अन्तरंग दरार-व्यथा को हम चाहें तो गाँव की भाषा में भाई-बन्दीवाली पट्टीदारी की मुकदमेबाजी-जैसी समझ सकते हैं। पट्टीदारी के ऐसे झगड़े छोटी अदालतों से लेकर सुप्रीम कोर्ट तक बरसों क्या बल्कि पीढ़ियों चलते रहते हैं। एक स्थिति में तो दोनो पक्ष झगड़े का मूल मुद्दा तक भूल जाते हैं पर लड़ते रहते हैं। तो, इस पट्टीदारी की लाग-डाँट का फैसला भी न वात्स्यायन, न कृशनचन्दर और न बलराज साहनी किसी के भी जीवनकाल में नहीं हो सका और वारिसों की गैर-मौजूदगी के कारण मामला आखिरकार बेमियादी घोषित किया जाकर दाखिल दफ्तर कर दिया गया। वस्तुत: साहित्य में तथा सभी महत्त्वपूर्ण क्षेत्रों में, सभी कालों में सभी के बारे में सभी तरह के प्रवाद रहते हैं—मतलब कि जितना बड़ा लेखक या व्यक्ति, उतने ही ज्यादा प्रवाद—उसके व्यक्तिगत जीवन को लेकर भी और सामाजिक आचरण को लेकर भी। वैसे यह भी एक आम धारणा लोगों में है कि लेखक लोग अपने लेखन में दूसरों से अपना हिसाब-किताब चुकता कर ही लिया करते हैं। ऐसा नहीं होता, या नहीं हो सकता कहना तो गलत है पर ऐसे होने पर आश्चर्य भी नहीं किया जाना चाहिए। 'तुम' सम्बोधन की आड़ लेकर दुनिया के तमाम कवि न जाने कितने सफल-असफल प्रेम की रोकड़ का हिसाब आखिरकार ठीक कर ही लिया करते हैं और किसी को कानों-कान इसकी खबर तक नहीं हो पाती। सामान्यत: लेखन, लेखक के व्यक्तिगत अनुभवों की भूमि पर ही आधारित होता है इसलिए लेखक की लाख चेष्टा के बाद भी, जब भी यार लोगों को जरा भी किसी पात्र में या घटना में थोड़ी-सी भी साम्यता दिखलायी देती है तब अच्छा खासा

हो-हल्ला मच जाता है। 'नदी के द्वीप' के एक पात्र को लेकर भी ऐसा ही कुछ लोगों को लगा था फलतः वात्स्यायन का इस खेमे से शाश्वत फ्रण्ट खुला ही रहा। यहाँ यह पूछा जा सकता है कि वात्स्यायन-जैसा गम्भीर लेखक भला ऐसी हरकत क्यों करेगा? पहले तो यह कि इस तरह की बात एक सीमा के अन्तर्गत हरकत नहीं हुआ करती, दूसरे यह कि इस तरह की बातों का किसी की गम्भीरता, अगम्भीरता से भी कोई सम्बन्ध नहीं होता। पश्चिम में तो खुल्लमखुल्ला इसके उदाहरण हैं और चूँकि हम लोग मध्यकालीन नैतिकता के कारण थोड़े कायर हैं इसलिए ऊपर से रामनामी ओढ़े रहते हैं, बस। वस्तुतः लोग यह भूल जाते हैं कि वात्स्यायन जहाँ गम्भीर थे वहाँ उनमें उसी प्रकार का एक गम्भीर चुलबुलापन भी था जो तरह-तरह से कभी-न-कभी व्यक्त हो ही जाता था। वैसे भी लोगों को लेकर वह कभी निरामिष नहीं रहे। लोगों और स्थितियों को लेकर खासी चुटकियाँ और रस लेते रहे हैं। जीवन के अन्तिम दिनों में तो न केवल 'लाइट-मूड' की कविताएँ ही लिखीं बल्कि उन्हें सुनाते समय खासे चुलबुले भी हो जाते रहे। कोई मौका शायद ही हाथ से जाने दिया होगा। यह बात दीगर है कि सामाजिक या वैयक्तिक अवसरों पर गम्भीरता के कारण बोलकर उन्होंने शायद ही कभी कुछ हलका कहा हो परन्तु लिखकर तो बराबर ही किया है। उसमें लोगों की खिल्ली उड़ाने से लेकर आक्रोश तक व्यक्त होता है? माना कि वह धुले-पुँछे मूर्ति-व्यक्तित्व के थे, बहुत-कुछ शीलसम्पन्न भी थे परन्तु पर यह न भूलें कि कहीं वह व्यक्ति भी तो थे। सच तो यह है कि प्रगतिशीलों तथा कुछ खास किस्म के लोगों के साथ उनका सम्बन्ध 'छेड़ खूबाँ से चली जाय असद' के अन्दाज का था। यह पता लगाना तो आज मुश्किल है कि इस पतंगबाजी की बिसमिल्लाह का श्रेय किसे जाता है। वस्तुतः जीवनभर न तो वात्स्यायन कम्युनिस्टोंवाली अपनी ग्रन्थि से उबर पाये और न हमारे कामरेड भाई ही इस तथाकथित 'अमेरिकी दलाल' और न जाने क्या-क्या के 'तीरे-नजर' अपने सीनों से निकाल पाये। यह सम्बन्ध क्या था अच्छी-खासी उर्दू शायरी की 'हाय-हाय' वाली मासूमियत थी। एक शाश्वत आतंक, अविश्वास और छापामारी का अन्दाज दोनों ही ओर बना रहा। पर यह तो मानना ही पड़ेगा कि इसमें बुद्धिमान् तथा आत्मसंयमी वात्स्यायन ही सिद्ध हुए। प्रगतिशीलों का अन्ध-विरोध भी वात्स्यायन को 'अज्ञेय' बनाने में योगदान बना जबकि स्वतः ये लोग केवल खम्भा ही नोचते रहे।

मैं ठीक तौर पर यह तो नहीं बता सकता कि वात्स्यायन और 'परिमल' की निकटता कब-किस सन्-संवत् से आरम्भ हुई क्योंकि जब मैं सन् '५० में इलाहाबाद रेडियो पर पहुँचा, तब हालाँकि वात्स्यायन दिल्ली जा चुके थे लेकिन आये दिन इलाहाबाद में होते थे। अक्सर उन्हें 'परिमल' की गोष्ठियों और उसके वार्षिक पर्वों पर देखा जा सकता था। इसका मतलब यह हुआ कि जब सन् '४७ में प्रयाग से उन्होंने 'प्रतीक' आरम्भ किया तभी से 'परिमल' के सम्पर्क में वह आये होंगे। उन दिनों 'परिमल' में भारती, रघुवंश, जगदीश गुप्त, लक्ष्मीकान्त वर्मा, केशवचन्द्र वर्मा आदि प्रमुख थे। विजयदेवनारायण साही तो काफी बाद में इलाहाबाद आये और 'परिमल' से जुड़े। यह तथ्य कम ही लोग जानते होंगे कि 'भारती' एक समय प्रगतिशील आन्दोलन से काफी अभिन्न थे, घोर विरोधी तो बाद में हुए। शायद भारतीजी की यह नियति ही है कि वह जो कुछ भी होते हैं घोर ही होते हैं। साही, केशव और जगदीश के सन्दर्भवाली उनकी मित्र-व्यथा का यहाँ कोई प्रयोजन नहीं है पर आरम्भ में भारती, वात्स्यायन के परम भक्त थे परन्तु कालान्तर में वह एकदम पल्ला झाड़कर खड़े हो गये। साहित्य की इस खेमेबाजी के बावजूद वात्स्यायन प्रगतिशील लेखकों से भी व्यक्तिगत सम्पर्क बनाये रखते थे। इसी काल में उनका दूसरा उपन्यास 'नदी के द्वीप' प्रकाशित हुआ और खासा चर्चित भी। इस चर्चा के पीछे जो अतिरिक्त कारण था उसका संकेत हम पहले कर आये हैं। काफी-हाउस, मलानी-कैफे से लेकर गोष्ठियों-सभाओं तक में पं० इलाचन्द्र जोशी, गंगाप्रसाद पाण्डे, विश्वम्भर 'मानव' से लेकर किस-किस लेखक ने इसे क्या-क्या घोषित नहीं किया। प्रगतिशील-लेखक-संघ की बैठकों में भगवतशरण उपाध्याय अपने ठेठ पूर्विया अन्दाज और तेवर में कही-अनकही सब कहते रहे। प्रकाशचन्द्र गुप्त अपनी शालीनता के बावजूद बिफरने से ज्यादा दु:खी हो जाते थे। प्रगतिशीलों में प्रकाशजी खासे शाकाहारी थे जो क्रोध और आक्रोश के स्थान पर प्राय: शालीन रूप से दु:खी हो जाते थे। उनकी भाषा भले ही कुछ कहती रही हो पर वे केवल हताश असहमत ही लगा करते थे।

इस काल के बाद वात्स्यायन का प्रयाग आना प्राय: के स्थान पर यदा-कदा का होता गया। सन् '५५ के बाद से तो वह प्राय: एक-न-एक

प्रयोजन से विदेश यात्राओं पर जाते रहे। यह माना जा सकता है कि इस काल से लेकर अन्तिम समय तक लगभग प्रतिवर्ष उनकी कोई-न-कोई पुस्तक सामने आती रही। इस सन्दर्भ में सन् '६२ में जब 'आँगन के पार द्वार' के साथ 'अपने-अपने अजनबी' भी प्रकाशित हुआ तब का एक रोचक प्रसंग याद आ रहा है। प्रयाग में उन दिनों पं० वाचस्पति पाठक और श्रीमती उमा राव के प्रयत्नों से 'विवेचना' नाम से एक संस्था सक्रिय थी जिसकी मासिक गोष्ठियाँ हुआ करती थीं और प्रतिमास किसी महत्त्वपूर्ण पुस्तक पर आलोचना तथा चर्चा हुआ करती थी। श्री बालकृष्ण राव उन दिनों हिन्दी साहित्य सम्मेलन के मंच से 'माध्यम' नाम से एक मासिक सम्पादित करते थे। 'विवेचना' में पढ़ी जानेवाली आलोचनाओं के लिए पारिश्रमिक की आवश्यकता की पूर्ति वह उन्हें 'माध्यम' में प्रकाशित करके कर दिया करते थे। इस संस्था ने बुझते प्रयाग को पुनर्जीवित रखने का अन्तिम प्रयास किया था क्योंकि इस समय तक 'परिमल' आधिकारिक घोषणा के साथ बन्द हो चुका था। तो, 'विवेचना' की दो गोष्ठियों के प्रसंग इसलिए याद आ रहे हैं कि इलाहाबाद कभी कितना दबंग शहर हुआ करता था। 'विवेचना' की एक गोष्ठी पन्तजी के 'लोकायन' पर एनीबेसेण्ट-हाल में आयोजित हुई। यह तो याद नहीं आ रहा है कि आलोचक महाशय कौन थे परन्तु उपस्थिति उस दिन खासी थी। स्वयं पन्तजी भी मौजूद थे। आलेख के बाद चर्चा के सन्दर्भ में लोगों से बोलने के लिए कहा जा रहा था। प्रत्येक सभा तथा गोष्ठी का एक शील हुआ करता है। मेरी बगल ही में साही और केशव बैठे हुए थे। जब क्रम आने पर साही से बोलने के लिए कहा गया तो वह अपना पाइप थामे उठे और बोले कि —"न मैंने इसे पढ़ा है और न पढ़ूँगा ही"—और यह कहकर बैठ गये। इसके बाद जो हुआ होगा उसकी कल्पना मैं आप लोगों पर ही छोड़ता हूँ। इसी प्रकार की गोष्ठी 'अपने-अपने अजनबी' को लेकर हुई और उस दिन भी साही के भीतर यही राजनारायण-तत्त्व जाग्रत हो गया और उसी अन्दाज में पहले तो हिकारत में 'हुँअ' किया और बोले—"दो कौड़ी का है।"—आज जब इस पर सोचता हूँ कि साही के ये कथन क्या मात्र चौंकाने के लिए थे या सचमुच ही उनकी आलोचनात्मक राय थी?

मुझे प्रायः वात्स्यायन का मनोविज्ञान समझने में कठिनाई होती रही है कि उनकी-जैसी मेधावाला व्यक्ति क्यों इतना सशंक, अनावश्यक सतर्क तथा

आत्मसुरक्षा के भाव से त्रस्त और चौकन्ना रहता है? ऊपर से भले ही वह आत्मविश्वास की प्रतीति देते रहते थे परन्तु आधारभूत निर्भयता शायद नहीं थी, पर क्यों? हालाँकि जीवन के अन्तिम दिनों में उनके स्वत्व और व्यवहार में थोड़ी तनावहीनता तथा सहजता भी अवश्य आयी थी पर फिर भी एक प्रकार का आधारभूत चौकन्नापन झलक पड़ता था। मुझे सन् '५५ के 'एशियायी लेखक-सम्मेलन' का प्रसंग याद आ रहा है। दिल्ली के विज्ञान-भवन में इसका आयोजन हुआ था और यदि भूल नहीं करता तो इसका उद्घाटन राजगोपालाचारी के द्वारा हुआ था। एशिया के अनेक देशों के लेखक-प्रतिनिधि आये थे। भारत के स्वतन्त्र हो जाने के बाद इस प्रकार यह पहला आयोजन था इसलिए लोगों में काफी उत्साह था। इस अवसर पर हिन्दी साहित्य पर सर्वेक्षणात्मक एक आलेख अंग्रेजी में प्रस्तुत किया जाना था। हालाँकि यह सम्मेलन मुख्यत: कम्युनिस्टों का ही था जिसमें मुल्कराज आनन्द-जैसे घोषित लोग आयोजकों में से थे पर पता नहीं कैसे यह दायित्व वात्स्यायनजी को मिला। वात्स्यायन द्वारा आलेख लिखे जाने को लेकर प्रगतिशील खेमा काफी चकित, उत्तेजित तथा आशंकित था। उन्हें जो आशंका थी कि वात्स्यायन सत्यों और तथ्यों को मनमाने ढंग से प्रस्तुत करेंगे और कालान्तर में यह आशंका सोलहों आने सत्य सिद्ध हुई। यदि भूल नहीं करता तो यह आलेख बाद में 'कण्टम्प्रेरी इण्डियन लिटरेचर' में छपा भी। इस आलेख की खूबी या उसमें से स्पष्ट ध्वनि यही निकली थी कि हिन्दी में यदि कोई कवि है तो वह अज्ञेय हैं, कहानीकार कोई है तो अज्ञेय हैं, उपन्यासकार कोई है तो वह अज्ञेय हैं और आलोचक कोई है, तो अज्ञेय हैं। वैसे पलेथन के रूप में दो-चार नाम शायद कुछ और भी गिना दिये गये थे पर वह गिनाना भी क्या था, बस। गरज कि अज्ञेय, विभिन्न नामों से मूर्तिमन्त हिन्दी साहित्य हो गये थे। मुझे आज भी हैरत होती है कि जिस व्यक्ति ने योजनाबद्ध तरीके से तथा शुद्ध साहित्य के उद्देश्य से पूरे हिन्दी साहित्य में भारतेन्दु बाबू के बाद न केवल चिन्ता व्यक्त की बल्कि अपने समकालीनों से सम्पर्क, उत्साह, दिशा और प्रेरणा दी, सप्तकों की योजना प्रस्तुत की, 'प्रतीक'-जैसा पत्र सम्पादित किया और सर्वथा नयी प्रकार की काव्य-सृष्टि, काव्य-अस्मिता और काव्यभाषा को सम्भव बनाया, उसका यह कैसा भयग्रस्त व्यक्ति का-सा मनोविज्ञान था, और क्यों?

प्रत्येक सृजनात्मकता चाहे वह किसी काल, कोटि या प्रयोजन की हो अपनी प्रकृति में दुरूह, स्वभाव में निषिद्ध और प्रकार में नितान्त ऐकान्तिक प्रक्रिया होती है। इस ऊर्जा-क्षेत्र और बाहर के सामान्य खुले-क्षेत्र के बीच एक प्रकार के कँटीले तारोंवाली लक्ष्मण-रेखा-जैसी होती है। इस रेखा का उल्लंघन न तो सर्जक स्वयं ही करता है, बल्कि कहना चाहिए कि नहीं कर पाता है, और न ही किसी अन्य को करना चाहिए। क्योंकि जितनी बड़ी सृजनात्मकता होगी, सम्भव है उसके चारों ओर की खिंची उस लक्ष्मण-रेखा में न केवल काँटे ही हों सम्भव है कोई विद्युत्-प्रवाह भी हो इसलिए सोच-समझकर ही उसे छूना चाहिए या उसके निकट जाना चाहिए। कहने का तात्पर्य यह कि अध्यात्म या विज्ञान के निषिद्ध-क्षेत्रों की तरह इसे भी सृजनात्मकता के क्षेत्र का 'डैञ्जर-जोन' माना जा सकता है। इस वर्जित-क्षेत्र के भीतर जिस नूतन को सृष्ट होना होता है उसका भोक्ता और कर्त्ता उस सर्जक का वह अकेलापन होता है जो उस स्थिति में व्यक्ति से माध्यम हो गया होता है इसलिए अब वह निर्माता भी है और एक प्रकार से उस प्रक्रिया का अनिवार्य साक्षात्कर्त्ता भी। जब तक ऐसा तादात्म्य नहीं है तब तक सृजनात्मकता भी सम्भव नहीं। कवि का स्वयं कविता बन जाना वैसा ही है जैसा कि वैज्ञानिक का अपनी प्रयोगशाला में स्वयं एपरेटस हो जाना। बिना ऐसी और इतनी एकात्मता के जैसे कोई तुलसी नहीं हो सकता उसी प्रकार कोई आइन्सटीन भी नहीं बन सकता। सृजनात्मकता के इस निषिद्ध-क्षेत्र या संसार में उस नूतन सृष्टि के समय केवल उसे ही अकेले चीत्कार भी करनी होती है और इस पराकाष्ठा या दुर्दान्तता से गुजरने के बाद निर्वेद की मानसिकतावाला आनन्द भी अनुभव करना होता है। वैसे इस प्रकार की सृजनात्मकता के उतने ही प्रकार हुआ करते हैं जितने कि सृष्टि के होते हैं।

विभिन्न प्रकार की सृजनात्मकता के अवतरण की प्रक्रिया एक-जैसी हो सकती है परन्तु प्रकार भिन्न ही होंगे। यदि इस सृजनात्मकता की प्रकृति और प्रकार समुद्रवत् है तो, अपने स्वत्व के जलों का अहोरात्र शाश्वत उद्वेग और विशाल ह्वेलों की भाँति निरन्तर विलोड़ती छटपटाहट हो जाना ही उसकी परिणति है। और यदि पर्वत की है तो अपने स्वत्व पर पाथरी मौन में लिखे-खड़े ऐसा शिखरीय अकेलापन होना होता है जहाँ उसे आकाश से अवतरित होनेवाले, सारे प्रकाशों, अन्धकारों, तूफानों, कशाघातों और मौसमों की दुर्दान्तताओं या रम्यताओं को बिना पलक झपकाये असंग झेलना ही नहीं है बल्कि अपने में अनुस्यूत करके जीवनदायी जलवायु बनाकर देश और काल को सौंपना भी है। इस प्रकार की सृजनात्मक परिणतियों से मुक्ति सम्भव ही नहीं।

इस निभृत सृजनात्मक निषेध-संसार में उस सर्जक के ज्ञात-अज्ञात संस्कारों, परम्पराओं, वर्जनाओं, कुण्ठाओं, आकांक्षाओं और संकल्प-विकल्पों की दीर्घाएँ-दर-दीर्घाएँ होती हैं और जिसकी प्रतीति स्वयं उसको भी नहीं हुई रहती। वस्तुतः यह एक प्रकार का ऐसा जादुई मायालोक-जैसा होता है जहाँ कुछ भी अपने वास्तविक स्वरूप में नहीं होता। समुद्र की अतल गहराइयों में जिस प्रकार का चिलबिलाता पदार्थ-लोक अपनी अतीन्द्रियता में परीलोक-जैसा होता है 'फन्तास्तिक', कुछ-कुछ ऐसा ही रमणीय भी, मोहक भी, चौंकानेवाला भी पर साथ ही भयावह और रोमांचकारी भी। जैसे रत्नजटित अमूल्य प्याले में भरा लबालब विष, अपनी मादक नीलिमा में रम्य बना आपको देखकर व्रीड़ित है और आपको एक प्रकार के आमन्त्रण से मन्त्रमुग्ध भी और पाशित भी कर रहा है।—उस सम्मोहक संसार में यथार्थ और कल्पनाओं की एक ऐसी जारजता होती है जिसमें अविश्वसनीय बिम्बों, अकल्पनीय प्रतीकों के तथा पराकल्पितताओं के देवत्व, दानवत्व या मनुष्यत्व में परिणत हो जाने की सारी सम्भावनाएँ होती हैं। ज़रा-सा स्पर्श कर देने भर से इस सारे मायालोक का सन्नाटा, मौन, घोषवाली ऐसी भाषा में उन दीर्घाओं, गुम्बदों में दुहराने-तिहारने लगता है कि जिसे बाँधने में सारे व्याकरण पनाह माँगने लगते हैं। संगीत का कोई भी थाट इसे किसी भी राग में निबद्ध नहीं कर पाता है, और सुर, काँच की किरचों से चीत्कार कर रहे होते हैं जैसे शीशे पर चोंचे मारती चिड़ियाँ हों। मौन के हाहाकर में परिणत हो जाने की यह परामानसिकता, सर्जकमात्र की स्थिति

और नियति दोनों है। क्या वेदव्यास, होमर, शेक्सपीयर, गेटे, डास्टावस्की, गालिब या निराला अपने-अपने सृजनात्मक मायालोक के इस व्याकरणहीन, रागहीन मौन के हाहाकार में टूटते ही नहीं चले गये होंगे? बिना टूटे या चीखे कौन सर्जक आज तक अपने में से दैहिक या मानसिक सृष्टि दे सका है? क्योंकि सर्जक का टूटना ही सृजनात्मकता का अवतरित होना होता है!

प्रत्येक सर्जक की सृजनात्मकता का मुख्य रूप से एक आधार-तत्त्व होता है जिस पर खड़े होकर वह अपने स्वत्व को पहले साधता है और फिर सर्जनात्मकता में निर्वैयक्तिक उछाल लेता है। मुक्तिबोध के सन्दर्भ में मैंने यह आधारभूत तत्त्व भय बताया था। वात्स्यायन के सन्दर्भ में यह तत्त्व दो रूपों में है—एक तो अहं के विलयन की समस्या, और दूसरे दमित उद्दाम वासना के शमन की समस्या। इन दोनों में यदि कोई पार्थक्य है तो वह केवल इनके संज्ञा तथा क्रिया के रूप-भेद का ही है, जबकि वस्तुत: ये दोनों एक ही सिक्के के दो पहलू हैं। समस्या के ये दोनों रूप उनके उपन्यासों में तो बहुत ही साफ और सटीक तरीके पर देखे जा सकते हैं। अन्तर केवल यही है कि उपन्यासों में ये मूर्त हैं और कविता में अमूर्त। काव्य में आरम्भिक 'विश्व-प्रिया' के समय से लेकर सन् '४० तक यह अहं और दमित उद्दाम वासना अपने मुखर रूप में अभिव्यक्त हुई है। वैसे इस समस्या को वात्स्यायन, एक युग-समस्या के रूप में स्वीकारते भी हैं, 'तार-सप्तक' की भूमिका में इसका स्पष्ट उल्लेख है, परन्तु पूरी सृजनात्मक-यात्रा कर लेने के बाद भी पूरी तरह इसका शमन कभी नहीं हो सका। सामाजिक चेतना की कविताएँ लिखते समय वह भिन्न भाव-भूमि की प्रतीति अवश्य कराते हैं परन्तु वह उनकी सहज भाव-भूमि नहीं है। सामाजिक जागरूकता का बोध जरूर होता है। उनकी आधारभूत काव्य-चेतना या समस्या तो उनके अन्तिम काव्य-संग्रह 'ऐसा कोई घर आपने देखा है' में ग्रीक-मिथ को आधार बनाकर लिखी गयी 'लेडा का हंस' शीर्षक कविता में भी यह यौन मानसिकता सांकेतिक रूप में मौजूद है। लेकिन कला-साहित्य के क्षेत्र में इसे किसी कमी या ग्रन्थि या अनावश्यक तत्त्व के रूप में न देखकर यह माना जाना चाहिए कि अहं और दमित

उद्दाम वासना उनके सर्जक-व्यक्तित्व की वे आधारभूमियाँ रही हैं जिस पर वह पहले तो अपने को साधता है, या तौलता है और फिर सर्जनात्मकता की अथाहता में सन्तरित हो जाता है। संगीत की भाषा में इन्हें संवादी-स्वर कह सकते हैं। प्रत्येक संगीतज्ञ के, चाहे वह गायक हो या वादक, कुछ आधारभूत संवादी-स्वर होते हैं जिनके छिड़ते ही उसके भीतर का कलाकार सर्जनात्मक सन्तरण या उछाल के लिए सन्नद्ध होने लगता है, जैसे वह राग पर आरूढ़ होने जा रहा है। इस सन्दर्भ में मुझे सचिनदेव बर्मन का स्मरण आ रहा है। भटियाली के सुर छिड़ते ही उनके भीतर का गझिन वानस्पतिकतावाला मणिपुर, धनखेतीय बंगाल, उद्दाम ब्रह्मपुत्र, उत्ताल पद्मा, जलों से अघाई विस्तीर्ण तराई प्रदेश की हरीतिमा अपनी आदिम खस्सी और सन्थाली मनोरमता के साथ उनके स्वत्व को आकण्ठ संगीतमय बना दिया करते थे। बहुत-कुछ अहीर-भैरव के स्वरों के साथ रविशंकर या कबीर की अनहदी काव्यात्मकता के साथ कुमार गन्धर्व अपने स्वत्व को एकाकार करके देश-कालातीत परम तन्मयता में पहुँच जाते हैं। फलतः पता ही नहीं चलता कि रविशंकर सितार बजा रहे हैं या सितार रविशंकर को बजा रही है, बोध ही नहीं रह जाता कि हमारे सामने स्वर-गन्धर्व कुमार हैं या फक्कड़ जुलाहा कबीर। केवल राग और भाव का सृजनात्मक-उत्सव सम्पन्न हो रहा होता है जिसमें—"अवधू, रस गगन-गुफा ते अजर झरै।"—सृजनात्मकता की यह अनिवार्य चिन्मयकारी अभेद्यता प्रत्येक सर्जक के सन्दर्भ में भिन्न-भिन्न संवादी-स्वरों और थाट की होती है। अतः कहा जा सकता है कि अहं और उद्दाम वासना वात्स्यायन की सृजनात्मकता के लिए अनिवार्य संवादी-स्वर और थाट हैं। यह कोई नहीं बता सकता कि वस्तुतः वह क्या है, परन्तु एक ताल, एक लय, एक आलाप, एक छन्द होता है जो बिजली के स्विच की भाँति काम करता है, जिसके दबते ही हम सहज और अनायास ही सृजनात्मकता के पराछन्द के सम्पर्क में आ जाते हैं और पाते हैं कि कैसे सहज और निष्प्रयास अँधेरे से सहसा प्रकाश में, सन्नाटे से उत्सव के बीच खड़े कर दिये गये हैं। काव्य में जो काम शब्द करता है वही संगीत में सुर, नृत्य में ताल और चित्र में रंग करता है। वात्स्यायन का सृजनात्मक गरुड़ भी अहं और दमित उद्दाभ वासना के डैनों पर पहले अपने को साधता है, उड़ान की अज्ञात गहराइयों को अपने परों में थाहता है और फिर—चाहे "पियेर क्वि वी'र" का

तापसी एकान्त हो, या चक्रान्त-शिलाओंवाला रहस्य-लोक हो, या अपनी उद्दाम वासना से मुक्ति के लिए समुद्र से अपने को तोड़ देने के लिए आग्रह-दर-आग्रह हो, या फिर नन्दादेवी के निचले शिखरों पर बने देवलों से लेकर शून्य में निराकार के अकेले या असंग होने की प्रतीति हो—यह गरुड़, सृजनात्मक उन्मुक्त-यात्रा के कभी निचले तो कभी उपरले आकाशों में उड़ान-दर-उड़ान भरता है और इन दूरियों की गहराइयों में मँडराता ही रहता है। सृजनात्मक व्यक्तित्व की आधारभूत, लेकिन सम्मिलित पुकार की यह कैसी यात्रा होती है जो उन्हें कभी नदी की बाँक पर छाया, पुष्पभरी उपत्यकाओं से लेकर खिड़की के बाहर उपस्थित ईश्वर की प्रतीति कराता है, जिनमें वह टूटते भी हैं और निर्मित भी होते हैं। टूटते इसलिए हैं कि जिसके लिए स्वत्व में निबद्ध उद्दाम वासना फुँकी पड़ती दाहती होती है, वही अलभ्य पिपासिता 'तुम' नाना प्रकार से ज्योति का आभास देती अप्राप्य दूरियों में टिमटिमाती होती है। आखिर कोई कितनी बार, कितनी नावों के साथ इस दुर्ल्लंघ्यता की ओर जाये? आरम्भिक 'विश्व-प्रिया' के दिनों में जो छाया थी, जिसके कारण प्रतिदिन पराजय का भाव दिन छुपे के बाद जागता था, कसमसाता था, वह चक्रान्त-शिला की परिपक्व अर्द्ध-आध्यात्मिक मानसिकता के समय भी बिजली की रेखा-सी कण्ठ चीरती छाती के अन्तस्तल तक खिंची पड़ती है। द्वार-पर-द्वार खुलते जाते हैं, पर घर? दो दरवाजों के बीच से झाँकने पर बाहर और दूरियाँ ही दिखलायी देती हैं, घर नहीं। हाँ, वह घर नहीं, जो कि प्रिया होता है बल्कि वह बाहर जहाँ छाया उन्मुक्त होकर, घर के प्रकाश के घेरे से दूर फिर यायावरी का आमन्त्रण दे रही होती है। वस्तुत: छाया की यह तलाश वैसी ही हो गयी है जैसे नारसीसस टूटकर प्रतीक-फूल बन जाता है और ईको, प्रेयसी से मात्र प्रतिध्वनि। नारसीसस प्रतीक-फूल और उसके चारों ओर एक प्रतिध्वनि-मण्डल, लगभग ऐसा ही सम्बन्ध तो वात्स्यायन का अपनी छाया के साथ हो गया है—चिर अतृप्ति और चिर यायावरी। एक प्रकार के अध्यात्म की मुद्रा में महाशून्य के साथ अज्ञात कन्यात्व की भाँवरें रची जाने के कारण विरेचन की जो सृजनात्मक मानसिकता बनती है वह भी क्षणिक सिद्ध होती है। चक्रान्त-शिला क्रम की बाईसवीं कविता इस दृष्टि से महत्त्वपूर्ण है, जहाँ वासनाओं के विलयन की प्रक्रिया में सृजनात्मकता अपने पर से सारे शब्द ही नहीं बल्कि भाषात्व ही उतार देती है, इसीलिए

तेईसवीं कविता का आरम्भ ही—"व्यथा सबकी, निविड़तम एकान्त मेरा" जैसी भव्य प्रतीति से होता है परन्तु वात्स्यायन यह भूल जाते हैं कि अध्यात्म और आध्यात्मिक मानसिकता में गुणात्मक भेद होता है। इसीलिए अध्यात्मपरक एकान्त अनुभव तो किया जा रहा है परन्तु निविड़तम की आध्यात्मिक मानसिकता के साथ, और निविड़तमता वस्तुतः प्रकाशहीनता ही होती है। इस नीरन्ध्र निविड़तमता को भेदती एक आर्तता, एक प्रार्थना-जैसी वाणी, पुकार सुनायी जरूर देती है, कि—"इसी एकान्त में घर दो, यही वर दो"—पर घर ही है जो न निविड़तमता और न प्रकाश के घेरे कहीं पर भी मूर्त नहीं ही होता है अन्तिम काव्य-संग्रह तक भी। द्वार पर द्वार हैं, बाहर की ओर फैली द्वारहीन दूरियाँ भी हैं, पर घर? और इस अप्राप्यता के कारण क्षणान्त में इस मायालोक पर पटाक्षेप हो जाता है और वात्स्यायन भाव-स्थिति में न होकर विचार की भूमि पर पहुँचने को विवश होते हैं, लेकिन विचार की भूमि सृजनात्मकता के अवतरण की भूमि नहीं होती। वात्स्यायन के कवि की विषमता या त्रासदी ही यह है कि वह यह भूल जाते हैं कि सृजनात्मकता और शून्य की एक ही प्रकृति, स्थिति और गुण होते हैं—गुरुत्वाकर्षणहीनता, और ऐसी शून्यता में 'इण्टयूशन' ही ऊर्जा होती है, न कि विचार। विचार के साथ आकाश में तो विहार किया जा सकता है लेकिन शून्य में 'इण्टयूशन' ही माध्यम है, क्योंकि सृजनात्मकता विहार नहीं बल्कि स्वत्व का पूर्ण विलयन है, ऐसा भी नहीं कि वात्स्यायन इसे नहीं जानते। न जानते होते तो 'असाध्य-वीणा' कैसे साध्य होती? परन्तु जानना, होना नहीं होता। वस्तुतः उस स्थिति में विचार ही नहीं बल्कि किसी भी प्रकार के बिम्ब, प्रतीक, उपमान या अलंकरण किसी की भी कोई स्थिति नहीं, केवल काव्य का निर्धूम व्यक्तित्व या स्वत्व ही अपनी तेजस्विता में उपस्थित हुआ रहता है, इससे अधिक इसकी विशद चर्चा यहाँ सम्भव नहीं।—तो, हम यह कहना चाह रहे हैं कि यदि सृजनात्मक यात्रा निर्वैयक्तिक भावात्मक उड़ान के साथ की गयी होती तो निश्चित ही वात्स्यायन छाया की उस प्रेत-बाधा से मुक्त हो गये होते जो जीवनभर उनके साथ सहयात्रा करती रही। हाँ जब कभी, और जो कि प्रायः, वह समुद्र से दूर पहाड़ों, उपत्यकाओं की रम्यता में पहुँचते हैं तब उनका अहं, आकाश की अथाह नीलिमा में लिखी नन्दादेवी की अप्रतिम देवमुखी शुभ्रता के सम्मुख नतशिर हो जाता है। उस 'महातुम' के सामने अपने भीतर एक

मन्दिर भी अनुभव होने लगता है, सुमरिनी-जैसी चीज भी अँगुलियों के बीच प्रतीति देती है, पर अविलयित मन, फिर कहीं भटक जाता है। लेकिन तन्मयता न भी सही कुछ एकाग्रता तो अनुभव होती ही है। उस अहं में कुण्डली मारकर बैठी दमित उद्दाम वासना भी आखिरकार शिथिल और श्लथ होकर प्रेम की उदात्तता में, माधवी में रूपान्तरित होने लगती है। अपने को दे दिये जाने की मानसिकता से काव्य की सदानीराएँ निःसृत होने लगती हैं, और यह कम उपलब्धि नहीं है।

इस दमित उद्दाम वासनावाली ग्रन्थि पर चाहें तो एक दूसरे प्रकार से भी विचार किया जा सकता है, और किया भी जाना चाहिए, क्योंकि यह समस्या अकेले वात्स्यायनजी की ही नहीं, बल्कि सच तो यह है कि किसी-न-किसी रूप में कला और साहित्य-जगत् के सर्जकमात्र में अनिवार्यत: होती ही है। वैसे यह भी सही है कि बिना इसके न तो दैहिक और न मानसिक किसी भी प्रकार की सृष्टि सम्भव ही नहीं, अत: समस्या यह है कि कच्चे माल-जैसी इस आधारभूत रचनागत खनिजता को कौन सर्जक किस प्रकार और कितने स्तर तक शोध करके इसे सृजनात्मक शक्ति या सम्पत्ति में परिणत करता है, या कर पाता है। निश्चित ही इस प्रक्रिया का भी कोई सामान्य स्वरूप सम्भव नहीं हो सकता। मैं इस सन्दर्भ में यदि मध्यकाल की मीराँ का उदाहरण लूँ तो दूसरे उदाहरणों से कहीं ज्यादा मार्मिक होगा। वैसे तो निराला का उदाहरण लिया जा सकता था, जो शायद कुछ को अधिक मौजूँ भी लग सकता था परन्तु कुछ कारणवश मैंने ऐसा नहीं किया। कृपया इस मध्यकालीन उदाहरण पर नाक-भौं न सिकोड़ें। कोई भी सार्थक कवि, इतिहास की तरह बीता हुआ अतीत नहीं होता। सर्जक की उपस्थिति का भले ही कोई काल हो परन्तु उसकी सर्जनात्मकता का कोई काल नहीं होता और हमारा प्रतिपाद्य भी सर्जना है, सर्जक नहीं। जिस प्रकार हम प्रत्येक क्षण बीतते हुए अतीत हो रहे होते हैं उसी प्रकार वह सर्जनात्मकता भी अतीत लाँघते हुए वर्तमान हो रही होती है। इसीलिए वह मृत्युञ्जय होती है, तात्पर्य यह कि प्रकारान्तर से सर्जक भी।

सामान्यत: भी कला-जगत् एक प्रकार के औघड़ों का ही जगत् होता है और वह भी पुरुष-प्रधान। पुरुष के साथ कई प्रकार की छूट, सुविधाएँ,

खुलापन, बेबाकी आदि सहज होती हैं और कोई इस पर नाक-भौं भी नहीं सिकोड़ता, परन्तु स्त्री के साथ तो सभी कालों और सभी समाजों में कई प्रकार की सीमाएँ ही ज्यादा रही हैं। खुलेपन, जैसा कि आज के आधुनिक युग में समझा जाता है, के कारण जो अन्तर आया होगा वह उतना ही होगा, जो गले और खूँटे के बीच की रस्सी के नाप का होगा, इससे अधिक नहीं। अब यदि हम सर्जक व्यक्तित्व या सत्ता को बरक्स सामाजिक सत्ता-व्यक्तित्व के एक समानान्तर व्यक्तित्व और सत्ता मान लें, जो कि वह होता है, तो स्थिति क्या बनती है? मीराँ एक ओर तो नारी, वह भी मध्यकाल की नारी, तथा दूसरी ओर समानान्तर सर्जक-सत्ता भी। नारी-स्वत्व के साथ वैसे तो सभी कालों और समाजों में स्थिति निषेधात्मकता ही रही है पर मध्यकाल में जैसी क्रूर विषमताएँ और सीमाएँ रहीं उन्हें दुहराने की कोई आवश्यकता नहीं, लेकिन सर्जक-सत्ता के लिए देश और काल ही नहीं बल्कि देश-कालातीत हो जाने की सृजनात्मक आकांक्षा, पिपासा या उन्मुक्तता, तात्पर्य अपने पर से अपने को निःसंकोच उतार देना ही होता है। जाहिर है कि व्यक्ति के गले में बँधी रस्सी, बड़ी-छोटी होने पर भी आखिर तो खूँटे में बँधी होने के कारण झटका खाती ही है क्योंकि कैसा ही बँधापन कभी भी खुलापन नहीं हुआ करता। पुरुष भक्त-कवियों की स्थिति से मीराँ की स्थिति, हर तरह से विषम है। मीराँ अनाम साधारण स्त्री नहीं बल्कि राजकुमारी, और फिर राजकुमारी से राजरानी बनती है। मध्यकाल की सामन्ती विलासी राजसत्ता, वैभव-सम्पन्नता, कुल-मर्यादा की आन-बान-शान पर मिटनेवाली क्षत्रियता के अनेक तंग दायरों के भीतर वह कौन-सी सृजनात्मक अलखता या गुणात्मकता उस नारी, उस राजरानी में हठात् सक्रिय हो उठती है कि वह समस्त मर्यादाओं और मान्यताओं में कसी-बँधी होने पर भी अपने नारी-स्वत्व के ऊपर संकल्प के अँगूठे के बल खड़ी होकर उन्मुक्त नृत्य, गान में अपनी देह, अपने मन, कुल-परिवार, सामाजिक परिवेश ही नहीं देश-काल को भी लपेट लेती है और फलतः सौर-परिक्रमा की भाँति एक सृजनात्मक उल्का-पथ निर्मित होकर ही रहता है। क्या ऐसा उसका व्यक्तित्व केवल विद्रोही चेतना से प्रतिफलित हो सकता है या इसके लिए आधारभूत संकल्प व्यक्तित्व चाहिए होता है? निराला का उदाहरण इसीलिए नहीं लिया था क्योंकि वहाँ भी फाँक रह जाती है और वह कसमसाते हैं, पर मीराँ कसमसाती नहीं है, स्त्री होकर

भी, बल्कि सृजनात्मक-रास की सृष्टि लौकिक जीवन के सारे प्रेम-व्यवहार और राग-व्यवहार की गोपनीय तथा निजीपन की क्रिया और भाषा में घोषित करती है, कबीर में सृजनात्मकता का यह तेवर भिन्न भले ही हो परन्तु चित्तवृत्ति यही है, कि—वह किसी नट-नागर के हाथों बेमोल अगर बिकी है तो उसने भी तराजू में तौलकर, ढोल बजाकर आस्था का यह सौदा-सुलुफ खरीदा है। उसका कोई लौकिक 'धनी' नहीं है क्योंकि वह सर्जक-सत्ता है। यदि कोई 'पुरुष' है तो वह एकमात्र यमुना पुलिनों पर वंशी बजाता वनमाली है, जो उसकी नारी के लिए इतिहास का कोई पुरुष नहीं बल्कि कालातीत, स्वत्वातीत भाव-सत्ता है। जहाँ और जैसे वह बैठायेगा, वह बैठेगी, उसके पेड़-पौधों को सींचेगी, उसे बिजना डुलायेगी, उसके पाँव पलोटेगी क्योंकि उसने अपने सृजनात्मक संकल्प की तराजू पर जब बटखरे के रूप में एक ओर देश-काल, सम्बन्धों को रखा और दूसरे पलड़े में अपनी इस गोविन्द-आस्था को रखा, तब भी वह आस्था भारी ही सिद्ध हुई। इस महँगे-सस्ते सौदे में जो पारसरूपी सृजनात्मकता उसे मिली है उसके कारण भले ही उसे कोई कुलबोरनी कहे या कलंकिनी, किसी का कोई अर्थ नहीं, वह तो कालजयी हो गयी है। अब तो बात फैल गयी, अब कहीं कोई द्वैत नहीं है। अब तो सूली ऊपर सेज पिया की—वह सर्जक से सर्जना बन गयी है। अब तो सृजनात्मक अद्वैतता का ठाठें मारता प्रशान्त महासागर ही है। शायद इसीलिए मीराँ के चेतन या अवचेतन में किसी तरह की कोई 'प्रेतबाधा' दूर-दूर तक नहीं है—केवल सृजनात्मकता के नील आकाश की अथाहता है, बस! न वह स्वयं ही कहीं है, न कुल-गोत्र है और न देश-बोध के साथ कोई काल-बोध ही है। शायद इसीलिए मीराँ आज तक की समस्त काव्यात्मक सृजनात्मकता में सबसे निष्कलंक दिव्य-घटना है, जिससे ईर्ष्या ही की जा सकती है।

वस्तुतः इस पूर्ण निर्वैयक्तिक समर्पण में निश्चित ही मीराँ की आधारभूत अतृप्ति, जिसे हम आज की भाषा में दमित वासना ही शायद कहें, का केवल शमन या पर्यवसान ही नहीं होता बल्कि वह उस दमित वासना की उद्दामता को प्रेम ही नहीं, सृजनात्मकता की परम शुभ्रता में पहुँचा देती हैं। सीमित व्यक्ति संज्ञा से देश-काल पर आरूढ़ कवि-व्यक्तित्व पर ही न रुककर स्वयं काव्य हो जाने का ऐसा अप्रतिम, रम्य और कोमल लेकिन अशंकित दूसरा उदाहरण मुश्किल से ही मिलेगा। अपनी सृजनात्मकता के

लिए देह, स्वत्व, लोकलाज, मर्यादा सब-कुछ को दाँव पर लगा देने का पागलपन, घर फूँककर सृजनात्मक हो जाने का कबीरपन, यह प्रखरता आज किसी कवि में दूर-दराज तक नहीं है। हम यह आधारभूत सत्य भूल गये कि सृजनात्मक संकल्प बनकर अपने को काल को सौंपना पड़ता है तभी—जे देबे प्रान, जीवन देबे वरमाल्य ताके।—विश्व-कवि होने पर भी रवीन्द्र अकुलाते ही रहे कि बंगीय पगडण्डियों पर उनकी कविता भी अनाम बाउल-कण्ठों से नि:सृत होकर चलती और मूर्त बंगभू बन जाती, परन्तु बिना कबीर की तरह घर फूँके, बिना सूर की तरह अन्धे बने, बिना तुलसी की तरह अपने को तपाये, बिना गालिब की तरह अपने को तबाह किये और निराला की तरह बाहर कर दिया गया हूँ, भीतर पर भर दिया गया हूँ,—की अहैतुकता अनुभव किये बिना कहीं सृजनात्मकता की महाश्वेता अवतरित हुई है? काव्य, शाब्दिक अध्यात्म है, और अध्यात्म किसी मुद्रा का नाम नहीं। व्यष्टि की स्लेट पर विराट् समष्टि को लघुतम बनाकर लिखने का नाम ही अध्यात्म है। यह आरोहण चाहे धर्म की पगडण्डी के द्वारा किया जाये, मध्यकाल के सन्तों-कवियों की तरह या आज के राजनीतिक तेवरवाली भूमि से किया जाये। आरोहण के पथ देश-काल के कारण निश्चित ही भिन्न होंगे पर शिखर तो वही है—अच्युत, उसकी प्रकृति और स्थिति कुछ नहीं बदलती। मध्यकाल के भक्त-कवियों के लिए यह कह देना कि उनकी सृजनात्मक-आस्था का आधार धार्मिक था, जो कि आज के कवि के लिए अर्थहीन है, एक तरह से निश्चित ही अर्थहीन है, परन्तु तत्त्व की बात तो यह है कि हमें अपनी सृजनात्मक-आस्था का आधार और प्रकार अपने अनुरूप बनाना या चुनना ही होगा। तात्पर्य यह कि हमें अपनी तरह की आहूत हो जानेवाली संकल्प-दृष्टि निर्मित करनी ही होगी। आग्रह पथ का नहीं है, पथ-भाव का है। यदि कविता को रहना है, तो कवि को तिरोहित होना ही होगा। दोनों की उपस्थिति उस शिखर पर एक साथ सम्भव नहीं। प्राय: तो काव्य में कवि ही उपस्थित हुआ रहता है। ऐसा विरल ही होता है जब कवि पर आरूढ़ कविता अपने अक्षत जाज्वल्य स्वरूप में सामने खड़ी हो। हैमलेट सत्तात्व प्राप्त ही तब करता है जब शेक्सपीयर पूरी तरह उस चरित्र की पात्रता में अपने को विलीन, समर्पित कर देता है। कवि और काव्य की अद्वैतता की परिणति कवि में नहीं बल्कि काव्य में होनी चाहिए क्योंकि सत्ता काव्य की होती है, कवि की नहीं।

आधुनिक कवियों की तरह वात्स्यायन के सन्दर्भ में भी यह काफी सच है कि अधिकांश समय वह यह नहीं भूल पाते हैं कि वह कवि हैं बल्कि आधुनिक, और कविता लिख रहे हैं इसीलिए उनकी कविता लिखे जाने का ही बोध करवाती है, रचे जाने या होने का नहीं। इसीलिए अहं या दमित उद्दाम वासना का सृजनात्मक विसर्जन या उदात्त शमन प्राय: नहीं हो पाता; पर हाँ, शाब्दिक कविता के द्वारा कुछ तनाव जरूर कम होता है। जो फूल जहाँ खिला है, वहीं वह अर्पित है—इस काव्य-उक्ति को पूर्ण काव्य बनने की स्थिति तक पहुँचने में बाधा स्वयं कवि की वह उपस्थिति है जो काव्य-चेष्टा के रूप में शेष पंक्तियों में होती है। वह केश-कम्बली के अहं के विलयन की महत्ता को अनुभव भी करते हैं और उद्दाम वासना के शमन के हेतु भरी राजसभा में अनासक्त एकाग्रतावाली प्रक्रिया को भी जानते हैं, परन्तु वह अज्ञेय से केश-कम्बली नहीं बन पाते हैं इसलिए 'असाध्य-वीणा' कविता तो जरूर बन जाती है परन्तु कवि-व्यक्तित्व का काव्य-सत्य नहीं बन पाती। यद्यपि यह भी छोटी उपलब्धि नहीं है, फिर भी अन्तर तो है ही। वस्तुत: यह जानना ही होगा कि उपमान, उपादान या अलंकरण पूजा के लिए हैं, ये स्वयं पूजा नहीं होते। तब पूजा क्या है? भला इसका जवाब कोई क्या दे ही सकता है? पूजा के स्वरूप का निर्णय तो स्वयं सर्जक को ही अपने तईं करना होगा। क्या वह केश-कम्बली उस वीणा को जानता था? क्या वह केश-कम्बली उस वादन को जानता था, क्या वह केश-कम्बली यह भी जानता था कि उसमें से क्या नि:सृत हुआ? जो भला सब-कुछ की तथता हो और स्वयं शून्य में डूब गया हुआ हो, वह कैसे और किसको और क्या कह ही सकता है? और क्यों? मान लो यदि वह कहता, जो कि नहीं कह सकता था, तो वीणा की वह अलभ्य असाध्यता कभी साध्य हो पाती जैसी कि उसके पूर्व किसी अन्य वादक, साधक या सर्जक के द्वारा नहीं हो सकी थी? तात्पर्य यह कि कोई काठिन्य है जिसका कि उल्लंघन केश-कम्बली की भाँति असंज्ञ भाव से वात्स्यायन नहीं कर पाते हैं। वह पदतल पर ही जाकर रुक जाते हैं जहाँ से निश्चित ही शुभ्र, धवल शिखर दिखता है पर बीच में जो अवैतरित पूरा पर्वतीय व्यक्तित्व खड़ा है उसका क्या हो? कुछ है जो उन्हें भ्रमित कर जाता है। तभी तो वह प्रकृति की दिव्यता तक मार्ग की रम्यता से अपने को अभिषिक्त करते हुए पहुँच जरूर जाते हैं और कुछ कविताओं में अविश्वसनीय

देवफूलों की हिमधुली सुगन्ध को काफी-कुछ सहेज भी लेते हैं परन्तु प्रकृति से प्रकृतित्व या प्राकृतिकता, तात्पर्य शब्द से क़विता की ओर जानेवाली अन्तिम चौखट लाँघते समय वह अपने संकल्पात्मक स्वत्व और सृजनात्मकता पर से निर्भय या नि:शंक होकर जूते-मोजे नहीं उतार पाते, जहाँ से स्थान, मन्दिर का भाव ग्रहण करता है और मन्दिर में जूते-मोजे पहनकर नहीं जाया जाता। पर सवाल है कि क्यों? इतना लम्बा मार्ग, न जाने कितनी दुर्गम घाटियाँ, प्रखर जल-प्रवाह क्यों लाँघे थे? अपने अहं और दमित उद्दाम वासना से मुक्ति के लिए ही तो। तब इस महामुहूर्त्त के समय यह संकोच, यह च्युति?....और, बस यहीं पहुँचकर वह चूक जाते हैं। उस काव्य-भूमि का स्पर्श नहीं कर पाते हैं, केवल देख पाते हैं। मन्दिर और सुमरिनी का भाव अनुभव भी कर ले जाते हैं पर अनुभव करनेवाला यह मन, हठात् उन्हें भ्रमित कर देता है, याद दिला देता है कि वह अज्ञेय हैं, एक आधुनिक कवि हैं, किसी काल्पनिक गोविन्द के हाथों महँगे-सस्ते दामों में बिके मध्यकालीन सर्जक नहीं हैं। ऐसी विषमता प्राय: सभी कवियों के साथ ऐसे मुहूर्त्त में घटित हो जाती है कि यह मन्दिर-भाव भ्रम है, यह गोविन्द-भाव भ्रम है। यदि कोई सत्ता है तो वह मात्र उस शब्द की जिसे वह प्रयुक्त कर रहा है। शब्द से इतर ब्रह्म-जैसी सत्ता पाखण्ड है, अवैज्ञानिक है। शब्द से इतर जब कविता ही नहीं सम्भव है तब अन्य किसी सत्ता की कल्पना निरी वंचना है....और नन्दादेवी और कवि के बीच मेघ-कपाट बन्द हो जाते हैं, पटाक्षेप हो जाता है।

दुबारा मिलने का एक अजीब योगायोग मुक्तिबोध और वात्स्यायन दोनों के सन्दर्भ में मेरे साथ घटित हुआ और दोनों का एक ही परिणाम निकला—आत्मीयता। मुक्तिबोध तो इस दुबारा मिलने को लेकर उत्साह में प्रायः कहा करते थे—"यार पार्टनर, आप खूबे मिले"—मगर वात्स्यायन, जो आखिर तो 'अज्ञेय' थे, कहते तो कैसे? लेकिन व्यक्ति वाणी का संयम भले ही कर ले जाये परन्तु ये आँखें, किस-किसको, कब-कब, कहाँ-कहाँ और कैसे-कैसे धोखा नहीं देती आयी हैं, तब भला वात्स्यायन की आँखें कैसे अछूती रह सकती थीं? पर यह भी सही है कि आँखों की भाषा होती बड़ी ऐकान्तिक है। खैर—जैसे मैंने आरम्भ में कहा कि सन् '५३ में उपन्यास की पाण्डुलिपि की लौटानी के वक्त हमारे बीच एक अव्यक्त तनाव अकारण उत्पन्न हुआ और मुझे उनकी छत पर उस दिन ऐसा लगा था कि यह हमारे सम्बन्धों का जैसे 'फाइनल' है। और यह लगना काफी-कुछ सही-जैसा ही था परन्तु जीवन में शायद 'फाइनल'-जैसी कोई स्थिति नहीं होती तभी तो वात्स्यायन को जब '७८-७९ में ज्ञानपीठ-पुरस्कार मिला तो उस अवसर पर त्रिवेणी कला-संगम में एक समारोह हुआ जिसमें इस तनाव की इतिश्री हुई। तात्पर्य यह कि यह अबोला पचीस वर्ष से भी कुछ ज्यादा ही चला। वैसे ऐसा नहीं कि इस अन्तराल में हमारा आमना-सामना नहीं हुआ, या देखा-देखी नहीं हुई या अता-पता नहीं रखा गया—यह सब हुआ, बल्कि और भी बहुत-कुछ हुआ पर कुल मिलाकर उनकी ओर से शायद यही भाव रहा होगा कि—"आ, तू आ, हाँ, आ, मेरे पैरों की छाप-छाप पर रखता पैर, तू आ"—तो सम्भव है जवानी के जोश में मेरा भी कुछ-कुछ यही भाव रहा होगा कि—"रेख़्ते के तुम्हीं उस्ताद नहीं हो गालिब।"—गरज कि तनाव था और निश्चित ही था मगर शत्रुतावाला नहीं बल्कि आत्मीयता के टूटने के बाद एक रिक्तता या उदासी, बस कुछ ऐसा

ही। यह अहसास तीव्र इसलिए भी था कि सामाजिक स्तर पर दोनों की ही ओर से सम्भ्रान्त मौन था। सम्भव है यह स्थिति समय के साथ वात्स्यायन को भी असुविधाजनक होती गयी होगी, मगर समस्या थी कि पहल कैसे हो, और कौन करे?—"क्या, पहले आप?", "जी नहीं, पहले आप"—का भी तकल्लुफ रहा ही होगा, और आखिरकार बड़प्पन का परिचय वात्स्यायनजी ने ही दिया, जिसकी तफसील के पहले एक रोचक प्रसंग की चर्चा शायद अप्रासंगिक न हो जब हमें परिस्थितिवश बाधित होकर कुछ समय के लिए साथ होना पड़ा था।

शायद सन् '६२ या '६३ था। शमशेरजी उन दिनों इलाहाबाद में ही हुआ करते थे। वात्स्यायनजी 'आँगन के पार द्वार' की कविताएँ लेकर इलाहाबाद आये हुए थे। शमशेर, बहादुरगंजवाले जिस मकान में रहा करते थे उसकी विशेषता बिना देखे समझ में नहीं आ सकती है। अगर आपने किसी शरीफ, निहायत ही कमसिन दुबले-पतले महानुभाव को बदन से एकदम चिपकी, बटनों में कसी पड़ती शेरवानी में देखा हो तो आप शमशेरजी के इस बासे की मासूमियत कुछ-कुछ समझ सकते हैं। बमुश्किल दस फुट चौड़ी उस जगह में ताजिये-जैसा एक तिमंजिला मकान। इस दस फुट में भी दीवार से निहायत सटे-सटे काँखता-कूँखता चढ़ता एक जीना भी, जो दो फुट चौड़ा तो रहा ही होगा। गरज कि उस मकान की बाकी की सारी मकानियत आठ फुट में सजी-सँवरी थी। हिन्दी में जिसे पहली मंजिल कहा जाता है उसमें एक मुसलमान दर्जी की दुकान थी। वैसे 'थी' का प्रयोग शमशेर के कारण ही किया जा रहा है वर्ना तो आज भी वहाँ वह मकान, दूकान आदि सब-कुछ बदस्तूर हैं, 'थी' या था का वैसे कोई सवाल नहीं उठता, पर खैर—वैसे उस मकान का तो कोई अपना नाम नहीं था मगर दूकान वह भी टेलरिंग-शाप, भला बिना नाम के कैसे हो सकती थी, फलतः 'जस्टफिट-टेलर्स' का एक बड़ा-सा साइनबोर्ड भी था। नतीजा यह हुआ कि उस मकान का नाम ही 'जस्टफिट' हो गया। कई बार ख्याल आता है कि चीजों के नाम रखे या पड़ जाने के पीछे क्या इसी तरह के संयोग काम करते हैं? संयोग से जो टेलर-मास्टर थे, खुदा उन्हें उम्रदराज करें, वह आज भी सही-सलामत हैं, खासे तोले-माशे जिस्म के श्रीमान् हैं, तो हमारे शमशेरजी भी कौन उनसे कम थे। मगर ताज्जुब की बात तो यह थी कि इनका मकान-मालिक, जो

कि औसत हैसियत का एक सुनार था, कोई भी इन तीनों को एक साथ देखकर कह सकता था कि ऐसे कमसिन किरायेदारों का ऐसा ही मालिके-मकाँ हो सकता है या होना चाहिए—शरीफ।—बहरहाल, आइये इस 'जस्टफिट' की सीढ़ियाँ चढ़ी जायें। मगर, जरा देख-सम्हलकर सीढ़ियाँ चढ़ियेगा, शमशेरजी की साइकिल भी ऊँचा मुँह किये सीढ़ियों पर है, वैसे उसे ऊपर नहीं जाना है। उन दिनों प्रतिदिन शमशेरजी के यहाँ घण्टों बैठक जमती थी। जब रोज की तरह उस दिन भी पहुँचा तो देखा कि उस आठ-दस फुटवाली मकानियत की जैसे चादरें चिकनी कर दी गयी हैं और थोड़ा धुला-पुँछापन भी लग रहा था। चार-पाँच नवोदित लेखक-लेखिकाएँ दीवार से सटे-सटे बैठे हुए थे। बीच में एक चौकी, और चौकी के उस पार वात्स्यायन। मैं जब पहुँचा तब खाना लगभग समाप्त हो रहा था। मुझे हठात् आया देख शमशेर तो नहीं परन्तु दूसरे सभी चौंके और कहना चाहिए मैं भी, कि मैं बहुत गलत मौके पर पहुँचा। शमशेर तो आग्रह-मूर्ति हैं। खाने के लिए इसरार जरूर किया परन्तु जानते थे कि मैं इस वक्त तक खा चुका होता हूँ, इसलिए समझौता फलों पर हुआ जो कि भोजन के बाद सामने रखे गये। मैंने चाहा जरूर कि फलों के खत्म होते ही मैं किसी बहाने से उठ जाऊँगा और जैसे ही मैंने मौका देखा तथा उठना चाहा तो शमशेर बोले,—"अरे वाह, अज्ञेयजी अब नयी कविताएँ सुनायेंगे, और तुम चले जाओगे।"—कहते हुए उन्होंने वात्स्यायन की ओर देखा, जैसे कह रहे हों कि—भला बताइये। वात्स्यायन को निश्चित ही असुविधा हो रही थी यह उनके मौन और आँखों में लिखा हुआ था। मुझे भी असुविधा से कुछ ज्यादा अनुभव हो रहा था परन्तु शमशेर को कैसे समझाया जाता? शमशेर वस्तुत: एक ऐसी आत्मीय गाँठ की तरह रहे हैं जो इस तरह के मौकों पर आपकी अँगुलियाँ लाख दुख जायें पर अपने गाँठपन को बड़े ही निर्दोषपन से लिये रहेंगे और आपकी ओर निरीह देखने लगेंगे।

तो, आखिरकार वात्स्यायनजी ने पूरी सम्भ्रान्तता और गम्भीरता के साथ कविताएँ पढ़ीं। कविताएँ क्या थीं, एक खास किस्म का सृजनात्मक अनुभव था। जिन्होंने वात्स्यायन को अन्तिम दिनों में ही काव्य-पाठ करते सुना है, वे शायद नहीं समझ सकते कि वह अत्यन्त निर्वैयक्तिक और भावहीन तरीके पर काव्य-पाठ किया करते थे जिसमें किसी भी प्रकार का आदान-प्रदान नहीं होता था। इसका कारण मुझे तो यही लगता है कि सन् '३५ से '४५

के दशक में बच्चन आदि मंच से जिस प्रकार काव्य-पाठ किया करते थे उसमें निश्चित ही मंचीय नाटकीयता तथा गलेबाजी ही अधिक होने लगी थी, शायद उन मंचीय कवियों की लोकप्रियता का यह भी एक कारण रहा हो। निश्चित ही, वात्स्यायन ही नहीं, कोई भी गम्भीर रुचि का कवि इसको स्वीकार नहीं करेगा। शायद यही कारण था कि मैथिलीशरण गुप्त; प्रसाद या महादेवी ने काव्य-पाठ के इस मंचपन को नहीं स्वीकारा। परन्तु इस प्रतिक्रिया में वात्स्यायन अतिवादिता के जिस दूसरे सिरे पर खड़े हो गये, वह भी तो इसका जवाब नहीं था। किसी भी प्रकार का कोई भाव नहीं, स्वरों में कोई उतार-चढ़ाव नहीं, किसी प्रकार की कोई आवृत्ति नहीं—जैसे यह एक प्रकार से सर्जक की श्रोताओं के प्रति निरी अवज्ञा हो। धीरे-धीरे काव्य-पाठ का यह ढंग नयी कविता के काव्य-वाचन का अविभाज्य अंग बन गया। जिसका नतीजा यह हुआ कि अपने समय से, मनुष्य से, उसकी समस्याओं से, दबावों में जी रहे मनुष्य की विवशताओं से जुड़ी कविता, कुछ अन्य कारणों के अलावा अपनी प्रस्तुति की इस मुद्रा के कारण भी सार्थकता के बावजूद श्रोताओं से कटती चली गयी। वास्तविक कविता का अभाव मंचीय 'सजनी-साजन' और ठिठोलीवाली कविता ने ले लिया। इस स्थिति को आज जिस पराकाष्ठा पर पहुँचा दिया गया उसमें कहीं-न-कहीं हमारा भी दोष है। हम यह भूल गये कि काव्य में नाट्य का भी छींटा होता ही है, पर उसकी प्रस्तुति के लिए नाटकीयता जरूरी नहीं। नाटकीयता का विरोध करते हुए हमने, तात्पर्य वात्स्यायन ने भी, अनजाने में ही उस नाट्य-तत्त्व को ही नहीं प्रस्तुत होने दिया जो काव्य की आत्मा होता है। बिम्बों, प्रतीकों, उपमानों के साथ श्रोताओं की सहभागिता होती ही तब है जब वह कवि के काव्य-वाचन या काव्य-पाठ में स्वरों के उदात्त-अनुदात्त, शब्दों-पंक्तियों की आवृत्ति तथा श्रोताओं की सहभागिता की प्रतिक्रिया के प्रति विनम्र हो। हालाँकि अपनी इस भूल को वात्स्यायन ने अपने अन्तिम दिनों में 'वाचिक-परम्परा' की चर्चा चलाकर प्रायश्चित्त-जैसा करना चाहा और कुछ-कुछ उसका पालन भी किया परन्तु तब तक काफी देर हो चुकी थी और नयी कविता का जो नुकसान होना था, सो हो चुका था। खैर—

इस काव्य-पाठ के बाद चाय के लिए वात्स्यायनजी का सुझाव आया कि कहीं बाहर चलकर पी जाये। मैंने इस मौके का लाभ लेना चाहा कि चला जाऊँ पर फिर वही शमशेर की सरलता आड़े आ गयी, खैर—और

हम तीन-चार लोग आखिरकार जानसेनगंज 'निरंजन' सिनेमा के नावेल्टी-होटल पहुँचे। चाय तो औपचारिकता ही थी इसीलिए चाय खत्म करते ही शमशेर को कहीं जाना याद हो आया और वे चौथे व्यक्ति के साथ तत्काल चल दिये। अब मंच पर अबोलेपन की स्थिति में रह गये थे केवल दो पात्र—वात्स्यायन और नरेश मेहता। दोनों ही पात्र होटल से बाहर आये। शायद दोनों ही अपने-अपने जाने को नैसर्गिक दिखाने की चेष्टा में थे। होटल के बाहर की व्यस्त सड़क को म्युनिसीपैलिटी ने यातायात पर नियन्त्रण रखने के ख्याल से पत्थरों की एक पाली खींच रखी थी। इसी पाली को अपने बीच में विभाजित-रेखा बनाकर दोनों ही पात्र खड़े हो गये और एक-दूसरे को इस भाव से देखना आरम्भ किया, कि—कहिये, अब? आखिर इस द्विधा की मन:स्थिति में और वह भी इस प्रकार चलती सड़क पर कितनी देर खड़ा रहा ही जा सकता था इसलिए अनुज होने के नाते मैंने ही कहा, कि "—अब तो आप 'वसुधा' ही जायेंगे।"—आखिरकार उन्हें मुझसे बोलना ही पड़ा—"हाँ, और आप?"—"मैं भी अब घर ही जाऊँगा।"—और अपने-अपने गन्तव्य के लिए हमने भिन्न दिशावाले रिक्शे लिये और वस्तुत: हम दोनों ही अपनी-अपनी झूठ की ओर बढ़े।—झूठ?, जी हाँ झूठ, इसलिए कि न उन्हें 'वसुधा' जाना था और न मुझे घर। हुआ यह कि मैं इस पूरे तनाव के बाद थोड़ी निश्चिन्तता चाहता था इसलिए घर न जाकर जब मैं रेलवे ओवरब्रिजवाले लम्बे रास्ते से होकर काफी-हाउस पहुँचा, शायद चार-पाँच के बीच का समय रहा होगा और आमतौर पर काफी-हाउस में इस समय भीड़ नहीं होती, जैसे ही पीछे की सिरेवाली टेबल पर, जहाँ कि आमतौर पर हम लोग बैठते रहे हैं, दृष्टि पड़ी तो मैं अवाक् रह गया, कि वहाँ अकेले वात्स्यायन बैठे हैं और काफी पी रहे हैं। अजीब स्थिति थी कि मैं न तो लौट सकता था और न किसी दूसरी टेबल पर बैठ ही सकता था और रोजवाली टेबल पर जाने का मतलब—फिर वात्स्यायन। और जब तक मैं वहाँ पहुँचा तब तक वह बैरे को मेरे लिये काफी का आर्डर दे चुके थे, और हम फिर अपनी नितान्तताओं में खोये मौन काफी पीते रहे। उसके बाद जब वह चलने के लिए उद्यत दिखे तो मैंने इस बार पूछने की गलती नहीं की, कि—अब आप 'वसुधा' ही जायेंगे न? पर इस बीच विषमता को लेकर सारे समय उनमें और मुझमें एक स्मितता लिखी हुई थी जिसे हम दोनों पढ़ सके थे। अस्तु—

हुआ यह कि एक दिन डाक से एक सामान्य-सा निमन्त्रण-पत्र मिला, जिसमें वात्स्यायनजी के सम्मान में, दिल्ली में त्रिवेणी कला-संगम में एक समारोह की सूचना थी। प्रयोजन ज्ञानपीठ पुरस्कार का मिलना था। ठीक है, ऐसी सामान्य सूचनाएँ तो आती ही रहती हैं, लेकिन तभी देखा कि ऊपर कोने में हाथ से कुछ लिखा हुआ है, पढ़ा—नरेशजी, मैं चाहता हूँ कि आप अवश्य आयें—अज्ञेय।—यह पढ़कर भी मुझे ऐसा नहीं लगा कि मुझे इलाहाबाद से केवल इतनी-सी बात के लिए दिल्ली जाना चाहिए। परन्तु पत्नी महिमाजी ने अपने 'कान्ता-सम्मित' ढंग से मुझे समझाया कि अज्ञेयजी के इस आग्रह की रक्षा करनी ही चाहिए, क्योंकि जब मेरे मन में उनको लेकर हमेशा आदर और आत्मीयता ही रही है तब व्यर्थ की बातों से जो वर्षों का तनाव है वह आखिर दूर किस प्रकार होगा? अज्ञेयजी ने बड़े होकर जब पहल की है तब क्या मुझे एक आत्मीय अनुज की भाँति व्यवहार नहीं करना चाहिए? महिमाजी की बातों और तर्कों में न केवल विवेक ही था बल्कि दूरदर्शिता भी थी और मुझे पहले पत्नी के सामने और बाद में वात्स्यायन के सामने झुकना ही पड़ा। पर क्या इसे झुकना कहा जायेगा जिसमें वात्स्यायनजी की ऐसी आत्मीयता मुझे मिली जो मेरी भूषा में ही नहीं, स्वत्व में भी इत्र बनकर सुवासित है? पर एक बात नहीं समझ पा रहा था कि वात्स्यायन को अपनी इस चरम उपलब्धि के समय मेरा स्मरण कैसे हुआ? मैं दूर-दराज तक उनके क्षितिज में कहीं नहीं था, तब? और मुझे एक सज्जन का स्मरण हो आया—डाक्टर रामकमल राय का। रामकमलजी ने वात्स्यायन पर एक आलोचना ग्रन्थ लिखा था, जो मुझे अच्छा लगा था। उनसे प्रायः वात्स्यायन पर भी चर्चा होती रहती थी। शायद है उन्होंने ही 'लिएसाँ' का काम किया हो, और बाद में इस अनुमान की कुछ पुष्टि भी हुई। खैर—

उस शाम मैं अत्यन्त सशंक भाव से त्रिवेणी कला-संगम अपने भाई, सांसद श्री नन्दकिशोर भट्ट के साथ पहुँचा। आयोजन बड़ा तो नहीं था पर 'काम्पैक्ट' रुचि-सम्पन्न था। दिल्ली के बाहर के भी कई लेखक मंच और हाल में जमा थे। मैं इसी तैयारी से गया था कि पीछे कहीं तो भी बैठ लिया जायेगा और समाप्ति पर वात्स्यायनजी को बधाई दे दी जायेगी। परन्तु अन्दर पहुँचते ही डायस पर बैठे वात्स्यायनजी ने मुझे देखा और वह उठे। मैं और भाई अभी बैठने की जगह टोह ही रहे थे कि वात्स्यायन को अपने

सामने खड़ा पाया। उनकी इस हठात् उपस्थिति में मैं शायद ठीक तरह से उन्हें बधाई भी न दे सका और उन्होंने बिना कुछ ध्यान दिये मुझे अपने साथ लिया और डायस पर अपनी बगल में बैठाल लिया। उन कुछ लोगों को निश्चित ही हैरानी हुई होगी जिन्हें हमारे सम्बन्धों का ज्ञान था, कि—या इलाही ये माजरा क्या है?—सच तो यह है कि मैं स्वयं भी स्तम्भित था। समारोह में बोलने का जब मेरा क्रम आया तो मेरे साम्ने दुविधा उत्पन्न हुई। लोग जिस भाषा में बोल रहे थे वैसा करना मेरे लिये असम्भव था इसलिए संक्षिप्त-सी बधाई देते हुए उनके सम्मान में एक कविता पढ़ दी, जो निश्चित ही कुछ लोगों को अभद्रता ही लगी होगी, पर गनीमत यही थी कि वात्स्यायनजी को ऐसा नहीं लगा। समारोह की समाप्ति के बाद 'डायस' की सीढ़ियों के नीचे वात्स्यायन लोगों से घिरे हुए थे—आटोग्राफ्स देते हुए। लोग उनसे घर पर मिलने का समय माँग रहे थे और कुछ उन्हें अपने विद्यालयों में आमन्त्रित करने को उत्सुक थे। मैंने भी उनसे आज्ञा चाही तो हस्ताक्षर करना रोककर बोले—"क्या घर नहीं आयेंगे?"—और मैं फिर अवाक् हुआ। घर? वात्स्यायनजी के घर? लेकिन क्यों? मैंने तो उनसे घर आने के लिए ऐसा कोई समय नहीं माँगा, जैसा कि दूसरे चाह रहे हैं.....पर मुँह से केवल इतना ही निकला—"ठीक है, जब आप कहें"—और दूसरे दिन सवेरे नौ बजे का तय हुआ। इतनी व्यस्तता में तथा घिरे होने पर भी वह घर का ठीक-ठीक दिशा-ज्ञान देना नहीं भूले।—उस रात, काफी रात गये तक सोचता रहा कि इतने वर्षों बाद आखिर क्या बातें की जा सकती हैं? क्या इतने लम्बे अबोलेपन के बाद हठात् सहज होकर कुछ भी कहा जा सकता है, और वह भी अज्ञेय-जैसे व्यक्ति के साथ? जब बहुत देर सोचने पर भी कुछ समझ में नहीं आया तो यही लगा कि पहले से कुछ भी सोचना बेकार है। जैसी स्थिति होगी, देखा जायेगा।—

उन दिनों वात्स्यायनजी अगर भूल नहीं करता तो जंगपुरा एक्सटेन्शन के आसपास ही कहीं रहते थे। दिये हुए पते पर जब पहुँचा तो बँगले के बाहर तैनात गोरखा ने सुनकर हाथ से भीतर की ओर उधर इशारा किया जहाँ एक कार के पास कोई महिला खड़ी थीं। समझ नहीं पाया कि गोरखा ने मेरी बात समझकर ऐसा संकेत किया है, पर खैर, जब मैं उन देवीजी के पास पहुँचा और अज्ञेयजी के बारे में पूछा तो, कुछ इतना अस्पष्ट तथा

संक्षिप्त-सा 'हाँ' जैसा उन्होंने कहा जिसे मैं ठीक से सुन तो नहीं पाया पर लगा कि शायद 'हाँ' ही कहा है। दुबारा पूछकर आश्वस्त हो सकूँ, इसके पूर्व ही वह देवीजी बँगले के उस बड़े दरवाज़े की ओर लगभग भागने-जैसे ही तेजी से लपकीं, जिसमें एक जीना स्पष्ट दिख रहा था, और वह जीने से चढ़कर विलीन हो गयीं। बँगले के उस सुनसानपन में मैं फिर निरीहता अनुभव करता द्विधा में था कि क्या किया जाये? मेरे पास देवीजी के संक्षिप्त 'हाँ' के सहारे जीना चढ़ने के अलावा और कोई दूसरा विकल्प भी तो नहीं था। संकोच भी हो रहा था कि किसी बँगले के सुनसान घरपन में प्रवेश करना क्या उचित भी है? एक बार यह भी लगा कि क्या सचमुच ही देवीजी ने 'हाँ' ही कहा था या मुझे ऐसा भ्रम हुआ? वैसे देवीजी से मैंने कुछ अवांछित तो नहीं ही पूछा था जो ठीक से जवाब न देकर बगटूट चली गयीं। और धड़कते दिल के साथ मैं एक-एक सीढ़ियाँ चढ़ते हुए अपने इस आने पर लानत भेजता रहा। जब मैं इस अन्यमनस्कता के साथ ऊपर आखिरी सीढ़ी पर पहुँचा और जीने से सिरे पर नमस्कार करते वात्स्यायन दिखे तो जान में जान आयी कि नहीं, मैं गलत जगह नहीं घुसा और पहुँचा। सीढ़ियों पर यह ध्यान आया जरूर कि कहीं यही इलाजी तो नहीं थीं? हालाँकि उस समय मैंने उन्हें ठीक से देखा तक नहीं था। कालान्तर में कभी किसी प्रसंग में मेरे इस आगमन की चर्चा निकली तो पता चला कि इलाजी ही थीं। तब उनका उस दिन का संक्षिप्त 'हाँ' और बगटूट चला जाना सब समझ सका क्योंकि स्थितियाँ तब भिन्न थीं, खैर। मुझे एक शान्त तथा किंचित् प्रशस्त लेकिन निराडम्बर ड्राइंगरूम के करीनेपन में बैठालकर 'अभी आया' कहकर वात्स्यायन चले गये। यह बँगला मेन रोड से थोड़ा भीतर था इसलिए एक प्रकार की काम्य निःशब्दता न केवल कमरे में ही थी बल्कि खिड़की के बाहर की प्रशस्तता, पेड़ों और धूप तक में थी। बड़ी खिड़की क्या थी, जैसे तैल-चित्र थी जिसमें पेड़, आकाश, धूप सब चित्रित लग रहे थे। व्यक्ति की सम्भ्रान्तता उसकी चीजों और परिवेश से भी आँकी जा सकती है।

थोड़ी ही देर में वात्स्यायन एक छोटी ट्रे में दो कप चाय और कुछ बिस्कुट लेकर आये। चाय देखते ही मुझे सन् '५३ वाला सारा दृश्य मूर्त हो आया। उस दिन उनकी बैठक में चौकी पर दूध के दो मग और एक प्लेट में काटे जाने की प्रतीक्षा करते सेब रखे थे तथा एक बाहरी व्यक्ति

के पहुँच जाने पर विचित्र असुविधा अनुभव करतीं कपिलाजी बैठी थीं। तो क्या उस दिन के दूध से चाय आज बनकर आयी? हँसने को मन हुआ पर लगा कि हँसने पर, वात्स्यायनजी के पूछने पर इस प्रसंग को बताना पड़ा तो पचीस वर्षों के बाद की इस शुरुआत की इब्तदा ही गलत हो जायेगी। चाय पीते हुए शायद हम एक-दूसरे को जरूर ही तौलते रहे होंगे कि—देखें। और मुझे लगा कि अनुज होने के नाते मेरा इस प्रकार मौन रहना अभद्रता है। लेकिन कौन-सी बात से शुरू किया जाये? अंग्रेज लोग प्राय: ऐसे मौकों पर मौसम या इंग्लिश-चैनल में ज्वार-भाटों के समय और स्थिति की चर्चा से औपचारिकता निबाह लिया करते हैं, लेकिन ऐसी कोई सुविधा या परम्परा हमारी अपनी तो नहीं है, तब? और मैंने 'नया प्रतीक' की चर्चा चलायी कि उसे क्यों बन्द कर दिया गया?—छूटते ही वह बोले कि अब साहित्यिक पत्रों की किसे आवश्यकता रह गयी है? न पाठकों को और न लेखकों को, किसी की चिन्ता का यह विषय ही नहीं रह गया है इसलिए वह बन्द नहीं होता, तो और क्या होता? अच्छा, आप ही बतायें कि यदि ऐसी कोई चिन्ता आपको थी तो आपने 'नया प्रतीक' में कभी कुछ क्यों नहीं भेजा? क्या बिना सामग्री के कोई पत्र निकल सकता है?—और मुझे वर्षों-वर्षों बाद वात्स्यायन को ऐसे सहज, इतनी आत्मीयता और ऐसे खुलकर बातें करते हुए सुनना बहुत सुख दे गया। फिर तो हम लोग इस सहज-मार्ग से चलकर कई तरह की बातें करने पर आ गये। इलाहाबाद के एक-एक लोग, एक-एक सड़क को लेकर हम जुड़ते ही चले गये। मुझे ऐसा नहीं लगा कि जैसे वह सप्रयास यह सब-कुछ कह-सुन रहे हैं ताकि विगत वर्षों में अन्तराल की जो सूखी खाईं हमारे बीच बन गयी थी उसे वह एक दिन में ही जल से पूरित कर देना चाह रहे हैं। जो हुआ, या जो हो रहा था वह निष्प्रयास ही था। शायद उसे ऐसा ही होना था। सामान्यत: वात्स्यायन न अपने और न किसी के घर-दुआर की मध्यमवर्गी बातें नहीं करते परन्तु उनके सारे अंग्रेजी-बुर्जुआपन के भीतर आखिर तो पंजाब की खुली भूमि का आदमी कहीं उनमें भी था जिसे वह लाख प्रसाधित किये रहते थे, पर झाँक ही जाता था। और ऐसा झाँकना कुछ तो मजा दे ही जाता है। बोले कि वह जल्दी ही इलाहाबाद आनेवाले हैं। निश्चिन्त मन गंगा-तट घूमना चाहते हैं। मुझे हम लोगों का वह द्रौपदी-घाट जाना याद हो आया। मैं समझ ले गया कि वह इस घूमने में कहीं मुझे भी

जोड़ने के लिए उत्सुक हैं। मैंने पूछा, कि—"क्या आप घर आना पसन्द करेंगे?"—मेरी इस औपचारिकता पर वह थोड़ा-सा खुलकर, जिसमें—'डाग-टीथ' के पीछे तक के दाँत भी थे, हँसते दिखे। बोले—"आप और महिमाजी बुलायेंगे तो क्यों नहीं आऊँगा?"—और इसके बाद तो वह जब भी इलाहाबाद आये बहुत ही सहज आत्मीयता के साथ कभी अकेले तो कभी इलाजी के साथ घर आते रहे।

मेरा ख्याल है कि आयु के बढ़ने के साथ मानसिकता के स्तर पर जो चीज सबसे पहले प्रभावित होती है, वह है—स्मृति। बचपन के दिनों की छोटा-से-छोटी घटना या बात कभी नहीं भूलती—चाहे वह कंचे खेलना रहा हो या चुराकर कोई चीज खाना रहा हो, लेकिन बढ़ी आयु में सामान्यत: हमारी यह एकाग्रता या स्मरण की शक्ति उत्तरोत्तर छीजती ही चली जाती है। समय, और समय के साथ दूसरी कई चीजें अपना विवरणत्व खो देती हैं और हम चीजों, घटनाओं और समय के साथ वैसे रस-बस नहीं पाते जैसे कि आरम्भ में होते हैं। आज जब मैं हमारे इस दुबारा मिलने के बाद के प्रसंगों, घटनाओं और विवरणों को पकड़ने की कोशिश करता हूँ तो बस, बहुत ही मोटे-मोटे रूप में कुछ तो याद आता है पर बहुत-कुछ छूट भी जाता है। इसकी सबसे बड़ी हानि यह होती है कि घटनाओं का पूर्वापर क्रम, सिलसिला सब गडमड हो जाता है। लेकिन ऐसी मानसिकता शायद नैसर्गिक और उचित ही है क्योंकि हम नये अनुभवों को और अधिक समेट रखने की स्थिति में नहीं होते। यह विवेचन इसलिए किया गया कि मैं जो प्रसंग बताऊँगा उनमें निश्चित ही पूर्वापर क्रम भंग होगा परन्तु इससे बात के मर्म पर कुछ प्रभाव नहीं पड़ेगा।

मेरी षष्टिपूर्ति के अवसर पर आयोजित समारोह में लोकभारती प्रकाशन वात्स्यायनजी को बुलाना चाहते थे। मुझे जब यह मालूम हुआ तो कुछ अन्यान्य कारणों से उनके आने को लेकर मैं शायद आश्वस्त नहीं हो पा रहा था, पर इसमें वात्स्यायनजी कोई कारण नहीं थे। मैंने इस मामले में भी मौन रह जाना ही उचित समझा। परन्तु जब वह सहर्ष आये, समारोह में पूरी आत्मीयता से बोले, मुझे आशीर्वाद दिया, स्मृति-स्वरूप अपनी नयी पुस्तक भी दी तथा खुले मन से काव्य-पाठ में हिस्सा लिया तो निश्चित ही मुझसे अधिक लोगों को आश्चर्य ही हुआ। दूसरे दिन इलाजी के साथ घर

भी आये और मध्ययुगीन भाषा में जिसे 'जूठन गिराना' कहा जाता है, सो वह भी किया। बड़ी ही सहज एक पारिवारिकता बच्चों तक ने अनुभव की। कहना चाहिए कि इसके बाद ही मैं वास्तविक रूप से उनके प्रति सहज हो सका। सच तो यह है कि वात्स्यायन को निकट से देखना—सम्पूर्ण समुद्र या आद्यन्त हिमालय को ऐसा देखना होता था जैसे आपके हाथों में कोई फूल सुगन्ध दे रहा हो।

इसके बाद जब वह उतने ही उत्साह से सन् '८४ में भोपाल में हुए 'सारस्वत सम्मान' में भी आये तो निश्चित ही लगा कि विगत के रीते अन्तराल की सारी कटुताएँ, यदि कोई थीं तो, या स्मृतियाँ सबको पूरी तरह समाप्त कर देना चाहते हैं, तब भला मैं कैसे इस सदाशयता में सहयोगी न बनता? इस अवसर पर उनकी जन्मजात या अर्जित संकोचशीलता या अंग्रेजोंवाली बुर्जुआ-वृत्ति का दिलचस्प वाकया हुआ। जाड़े के अच्छे खासे दिन थे। भोपाल के 'न्यू-रेस्ट-हाउस' में हम लोग टिके थे। रेस्ट-हाउसवाले वैसे तो रात के लिए कम्बल देते हैं, पर शायद माँगने पर ही, और सम्भव है किसी ने कम्बलों के लिए कहा नहीं होगा सो उनके कमरे में कम्बल नहीं रखे गये, जबकि हम लोगों के पास अतिरिक्त थे। वात्स्यायनजी नियमत: जल्द जागनेवालों में रहे हैं और देर से जागनेवालों में मैं। जब मैं जागा और बाहर निकला तो देखा कि वात्स्यायनजी पूरी तरह से लैस रेस्ट-हाउस के ओस भीगे लान में प्रात:-भ्रमण कर रहे हैं तथा डा० रामकमल राय भी, जो कि इस सम्मान-समारोह में मेरे साथ इलाहाबाद से गये थे, सवेरे जागने और घूमने जानेवालों में से हैं। मुझे देखते ही रामकमलजी ने बताया कि, रात में वात्स्यायनजी के कमरे में किसी ने कम्बल ही नहीं रखा और उन्होंने गरम कपड़ों में ही किसी तरह रात काटी। सुनकर मैं सन्न रह गया। नाश्ते की टेबल पर बड़े ही निरपेक्ष भाव से उन्होंने कुल इतना ही बताया कि, नहीं गरम कपड़ों के अलावा वह गरम शाल भी तो थी जो कल समारोह में उन्हें भी मेरे कारण 'तुफैल' में मिली थी। नाश्ते की टेबल पर आयोजक श्री कैलाशचन्द्र पन्त, श्री प्रभाकर श्रोत्रिय आदि भी थे, पर सब सन्न। रेस्ट-हाउसवालों को कहा-सुना भी गया, पूछ-ताछ भी की गयी पर जो होना था सो तो हो चुका था। सच ही उनकी इस शालीनता का वह दण्ड उन्होंने भले ही देह पर भोगा परन्तु मैं क्या किसी दिन अपने मन पर से इसे उतार सकूँगा?

वात्स्यायन के लिए साहित्य केवल लेखन ही नहीं था बल्कि समग्र जीवन था। साहित्य और कला की सभी विधाओं, स्वरूपों और गतिविधियों से वह अन्तिम समय तक जुड़े हुए थे। तभी तो सफलता के जिस शिखर और आयु की वार्द्धक्यता में तथा एक-न-एक व्याधि के लगे रहने पर भी वह जिस प्रकार जीवन्त, सक्रिय और उत्कट बने रहे उसका दूसरा उदाहरण मिलना मुश्किल है। सामान्यत: तो लोग इस स्थिति में पहुँचकर बहुत-सी चीजों से उपरत हो जाते हैं। यों तो वह पूर्ण स्वस्थ दिखते थे पर सन् '६४ में सांघातिक दिल का दौरा भोग चुके थे, फिर भी कुछ काल के बाद उनकी चिन्ताओं, सम्पर्कों और सभी प्रकार की गतिविधियों में कमी कौन कहे बराबर वृद्धि ही होती गयी। मुझे याद है 'जय जानकी-यात्रा' के द्वितीय चरण के आरम्भ के समय लखनऊ में हठात् उपस्थित हो गये थे और वह भी अस्पताल से, डाक्टरों-नर्सों को चकमा देकर दिल्ली से लखनऊ आ पहुँचे थे। हालाँकि वह दो दिन बाद ही अयोध्या से लौट गये थे लेकिन फिर दो दिन बाद इलाहाबाद में मौजूद भी तो हो गये थे। अपने स्वास्थ्य को दाँव पर लगाकर भी अपने संकल्प के प्रति ऐसी लगन ही शायद उन्हें अद्वितीय भी बनाती थी। वैसे ऐसा नहीं कि उनके बिना वत्सल-निधि की यात्राएँ सम्पन्न नहीं हुई थीं परन्तु जैसे वह स्वयं से विवश थे। और शायद वह ठीक ही विवश थे, क्योंकि जब भी वह अनुपस्थित होते, सारी यात्रा बड़ी फीकी-सी हो जाया करती थी—जैसे कालाकाँकर और श्रृंगवेरपुर में वह नहीं थे तो बड़ी उत्साहहीनता रही। 'जय जानकी-यात्रा' में वह चाहते थे कि मैं आरम्भ से ही रहूँ। आज ठीक याद नहीं पड़ता कि क्या बाधा आ गयी थी, हो सकता है श्वास का कष्ट भी एक

कारण रहा हो, पर अन्यत्र भी मुझे कहीं जाना था इसलिए मैं उसके द्वितीय चरण में ही शामिल हो सका था। लखनऊ से चलकर अयोध्या, प्रयाग आदि होते हुए चित्रकूट तक की यह यात्रा थी। यहाँ मुझे उस यात्रा का विवरण नहीं देना है पर एक रोचक प्रसंग याद आ रहा है। लखनऊ से वात्स्यायन, अमृतलाल नागर और मैं तीनों एक ही कार में थे। मैं आगे की सीट पर था और ये दोनों पीछे के सीट पर। नागरजी, जो कि उन दिनों खासे बीमार चल रहे थे पर वात्स्यायनजी के आग्रह पर अयोध्या तक चल रहे थे, जहाँ से दूसरे दिन ये दोनों लौट गये थे। नागरजी का पान-प्रेम और बतरस का शौक तो ख्यात है ही। इसी सिलसिले में नागरजी ने बतरस का अपना बस्ता खोला और लगे लखनऊ के नवाबों के एक-से-एक लतीफ किस्से सुनाने। लगे हाथ कुछ ऐसे ही किस्से मुझे हैदराबाद के बिगड़े रईसों के, जो कि उन दिनों ताजे-ताजे सुनकर आया था, याद आ गये। वात्स्यायन पूरा मज़ा लेते रहे। थोड़ी देर बाद नागरजी को कहीं लगा कि यह क्या बात हुई कि हम ही दोनों सुनाये जा रहे हैं और यह हजरत सिर्फ मजा ले रहे हैं। बोले—"आप भी तो दुनिया-जहान घूमे हैं, जरूर कुछ से पाला भी पड़ा होगा, कुछ सुनाइये न?"—वात्स्यायन ने बड़े ही भोले मुस्कुराते हुए कहा—"नागरजी, किस्सा क्या, किस्से याद हैं पर मुश्किल यह है कि सारे नवाब और रईस तो आप दोनों ने ले लिये और बिना नवाब या रईस के बेचारा किस्सा अकेला क्या कर लेगा?" और जाहिर था कि इस मासूम अन्दाज का खुलकर हम तीनों ने अगले पड़ाव तक मजा लिया।

नन्दीग्राम से अयोध्या लौटते हुए मैं और वात्स्यायनजी अकेले ही थे। बड़ी देर तक रामकथा को लेकर चर्चा चलती रही कि क्या यह लोक-कथा है या ऐतिहासिक या प्रतीक-कथा है। राम और कृष्ण से जुड़े हुए स्थल, धर्मभाव की चाहे जितनी दुहाई दें, परन्तु ये हमारी सृजनात्मकता को अपील क्यों नहीं करते? इनकी कथाएँ जितनी मार्मिक हैं लेकिन इनसे जुड़े स्थल क्यों केवल शब्दों में ही 'तीर्थ' बनकर निर्जीव हो गये हैं? संस्कृति को लेकर वात्स्यायन की भी चिन्ता तात्त्विक के साथ-साथ सृजनात्मकता के स्तर पर अधिक गहराती जा रही थी। तीर्थ, जो कभी प्रकृति की ऊर्जस्विता के पर्याय रहे होंगे, कालान्तर में ऐसे भ्रष्ट होते गये कि उनमें की आधारभूत प्रयोजन-दृष्टि ही समाप्त हो गयी। दुहाई देने के लिए हम उन्हें जो भी और

जैसा भी आदर व्यक्त करें परन्तु हममें ये प्रतिधर्म की ओजस्विता, प्रति-सृजनात्मकता की तेजस्विता क्यों नहीं जाग्रत करते? वहाँ भूल से अगर आप पहुँच गये हैं तो एक अजीब प्रकार की उदासी, अनास्था आपमें जगने लगती है—वृन्दावन, करीलकुंज, यमुना-पुलिन—केवल आपको शब्द लगते हैं और वह भी ऐसे जैसे चुसे हुए गन्ने के खोखल हों। चित्रकूट में प्राकृतिक रम्यता न होती तो उसके तीर्थत्व की दुर्गति से केवल वितृष्णा ही होती। लगता है उस क्लासिकल-दृष्टि और भाव से हमारा अब केवल शब्दकोश का ही सम्बन्ध रह गया है इसलिए वे सृजनात्मकता के जीवन्त सम्पर्क के अभाव में टूट चुके हैं और हम उस वैभव-सम्पन्नता से वंचित ओस कणों को चाटकर पिपासा बुझा रहे हैं। अतीत को जिस प्रकार जीवन्त या वर्तमान होना चाहिए वही नहीं है और वर्तमान को जिस प्रकार अतीत से सम्पन्न होना चाहिए वह भी नहीं है।—कई बार तो लगता है कि हमारे बीच का सेतु टूट ही नहीं गया है बल्कि क्या कभी था भी?

कालाकाँकर तथा शृंगवेरपुर होते हुए जब हम लोग इलाहाबाद पहुँचे तो मालूम हुआ कि सवेरे ही वात्स्यायनजी आ चुके हैं और चित्रकूट तक चलेंगे। चित्रकूट, निश्चित ही प्राकृतिक परिवेश और मन्दाकिनी नदी के कारण काफी रम्य है। चित्रकूट में अलग-थलग एक पर्वत है, जो विशाल बैठे हुए हाथी-सा लगता है, और जिसे कामदगिरि कहा जाता है। कहते हैं बनवास के दिनों में राम ने इसी पर आवास बनाया था। लोग इसकी परिक्रमा करते हैं। हमारे साथ गये कुछ लोगों ने भी दस किलोमीटर की इसकी यह परिक्रमा लगायी। तो, जिस दिन चित्रकूट से हम लोगों का डेरा-डण्डा उठना था और यह यात्रा समाप्त होनी थी उस दिन कामदगिरि के राम मन्दिर के महन्त ने हम लोगों के लिए एक आयोजन रखा और उसकी जो परिणति हुई उसकी चर्चा यहाँ अप्रासंगिक है परन्तु यहाँ घटित एक प्रसंग नहीं भूल पाता। मन्दिर में वात्स्यायनजी और इलाजी के द्वारा विशेष पूजा-आरती का प्रबन्ध किया गया था। निश्चित ही ये दोनों उनकी दृष्टि में 'मोटे आसामी' रहे होंगे फलतः खासी भारी-भरकम पीतल की कई बत्तियोंवाली आरती से करीब आध घण्टे तक आरती करवायी गयी। उस आरती को देखकर ही उसका वजन कष्ट दे रहा था तब भला पचहत्तर के आसपास पहुँचे वात्स्यायन के लिए इतनी देर तक उसे उठा, घुमाते रहना,

अच्छा खासा दण्ड रहा होगा। वह बार-बार हाथ बदलते रहे पर पूजा-अर्चा समाप्त होने का नाम ही नहीं ले रही थी। आखिरकार जब वह मन्दिर से बाहर आये तब उनकी गहरी थकान उनकी सारी शालीनता और सारे आत्म-संयम को चीरकर स्पष्ट दिखायी दे रही थी, पर यह भी साफ लग रहा था कि वे भीतर-ही-भीतर अपने से जूझ भी रहे हैं। ऐसी स्थिति किसी को भी शारीरिक स्तर पर तोड़, नहीं तो थका तो सकती ही थी परन्तु वात्स्यायन तब भी अक्षुण्ण लग रहे थे।—चित्रकूट से बाहर आते ही वात्स्यायनजी, इलाजी आदि दिल्ली के लिए दूसरी दिशा में मुड़े और हम लोग राजापुर होते हुए इलाहाबाद की ओर बढ़े।

शायद सन् '८५ ही था जब 'भागवत-भूमि यात्रा' का आयोजन किया गया था। वात्स्यायनजी को जब मालूम हुआ कि मैं इस यात्रा को भी आधे में छोड़कर भोपाल जाऊँगा तो उन्होंने खासी खरी-पक्की करा ली कि मैं वहाँ से गुजरात आऊँगा और चोरवाड में मेरी प्रतीक्षा की जायेगी। तब तक वह मुझे खासा जान चुके थे कि मैं उन लोगों में से नहीं हूँ जो अपने से अकेले इतनी दूर आऊँ। यद्यपि वादा-खिलाफी आमतौर पर करता नहीं हूँ, पर बस प्रमादवश ऐसा हो भी जाता है, खैर। संयोग से इस शिखर-सम्मानवाले समारोह में कुमार गन्धर्व भी सम्मानित होने थे। इस संगीत सम्मान की निर्णय समिति के श्री मुकुन्द लाठ भी एक सदस्य थे अतः वह भी उस नाते भोपाल जा रहे थे। चूँकि मुकुन्दजी को भी गुजरात पहुँचना था अतः मुझे लाने का जिम्मा मुकुन्दजी को सौंपा गया, जाहिर था कि इसके बाद कोई हीला-हवाला सम्भव ही नहीं था। यह यात्रा अनेक दृष्टियों से मेरे व्यक्ति के लिए शुभ हुई, जिसकी चर्चा यहाँ अप्रासंगिक है पर यह जरूर कहना चाहूँगा कि यह मेरी पहली विमान-यात्रा थी अतः विमान-यात्रा को लेकर थोड़ा नहीं, खासा नर्वस था। पहले तो मैंने अपने को मुकुन्दजी के सामने सहज बने रहने की पूरी चेष्टा दिखायी पर हवाई-अड्डे पहुँचने पर लगा कि अपने देहातीपन की स्वीकृति ही ज्यादा ठीक होगी। सम्भव है मुकुन्दजी को थोड़ा आश्चर्य हुआ होगा पर मेरे स्पष्ट बोल देने का लाभ यह हुआ कि पूरी यात्रा में, विमान में तथा बम्बई में जहाज बदलते समय उन्होंने पूरी जानकारी और सहायता की, फलस्वरूप जब केशोद में विमान छोड़ा तो लगा कि अरे, विमान-यात्रा में क्या धरा है, पर यह भूल गया कि सारा श्रेय तो मुकुन्दजी का था, मेरा क्या था?

चोरवाड। सौराष्ट्र का वनस्पतिविहीन बलुई, पश्चिमी समुद्र तट। पता नहीं क्या, पर यहाँ की इस वीरान भौगोलिकता में इतिहास के क्रूर व्यवहार की जैसे एक अव्यक्त आहट, थरथराहट अभी भी कहीं है और वह भौगोलिकता अभी भी पूरी तरह सहज नहीं हो पायी है। गहरे कटाव के कारण समुद्र में खाड़ी का-सा बोध है। बंगाल-उड़ीसा का पूर्वी तट या दक्षिणी प्रायद्वीप के गोवा-कोंकण के पश्चिमी समुद्री तटों में ताड़ नारियल आदि की जो आरण्यक रम्यता है वैसी इस सौराष्ट्री-तट में नहीं है—है, तो बस पेन्सिल की लकीर-सा खिंचा एक सपाटपन। फिर भी यह प्रकृति में ही क्षमता और विशेषता होती है कि बिना किसी भी प्रकार के अलंकरण, प्रसाधन और अलभ्यता के भी निरे रेतीले कगारों, टीलों और ढूहों में ही ऐसे मन्त्रमुग्ध भाव में अपने ही लिये उपस्थित हुई रहती है, जैसे कि स्त्रियाँ अपने एकान्त में होती हैं। निरे रेतीले सौराष्ट्री-तट के क्षितिज में उतर गये किनारों पर सम्पन्न होता सूर्यास्त, किसी वैभवी समारोह से कम नहीं लग रहा था। प्रकाश, गुलाल बना आकाश में फैला हुआ था। हमारे वस्त्र ही नहीं मन तक इस गुलाल में रँगे पड़ रहे थे। अरब-सागर के ऊपर फैले आकाश का यह निर्बाध सूर्यास्त—मध्य-पूर्व-एशिया, ग्रीस-यूनान की मिथक-भूमि के भी पार पूरे यूरोप में न जाने किस-किस रूप और क्रम में घटित हो रहा होगा। सूर्यास्त जब क्रमशः सन्ध्या में परिणत होता है तब क्या सृष्टि की अर्द्धनारीश्वरवाली प्रकृति की अवधारणा, सत्य नहीं लगती? पुरुष में नारी और नारी में पुरुष की भेद-रेखा क्या वस्तुतः कहीं हैं? तात्त्विक बातों के बारे में एक सीमा के बाद किसी एक देश, एक मान्यता की भूमि पर खड़े होकर उठाये जानेवाले प्रश्न क्या किसी सत्य तक पहुँचाते हैं? सृष्टि में क्या देशज, तद्भव और तत्समता को लेकर कोई

भेद-दृष्टि और व्यवहार मिलता है? यदि हिमालय का अलभ्य ब्रह्मकमल परम तत्समता है तो क्या बालू में ज्वारों द्वारा पीछे छूटे कूड़े-करकट की देशजता और तद्भवता उतनी ही मूल्यवान् नहीं है? जब भी हम केवल अपनी ही स्थिति और दृष्टि का आग्रह लिये रहते हैं तभी हम तात्त्विकता से वंचित और दरिद्र ही होते हैं। लहरें किस एकान्त उत्साह से, जिस चट्टान पर मैं बैठा था, आ रही थीं और झाग के फन पटकती बिखरते शब्द बन, सन्ध्या को भाषा न भी सही तो नादमय तो बना ही रही थीं। उनके लौटने के साथ मैं भी तो अनजाने ही सागर होते जाने के उपक्रम में रत था। समुद्री हवाओं की निर्द्वन्द्वता मुझे हमेशा नीग्रो-संगीत की आदिमता, उद्दामता और नैसर्गिकता का बोध करवाती है—कहीं किसी भी प्रकार की सभ्यता की कोई ग्रन्थि नहीं, जो है निर्बाध है, फिर चाहे वह देह हो या मन। तभी लगा कि सागर का उफनाना अब चट्टानों पर तेजी से चढ़ने लगा है, शायद अब ज्वार आने को है, और मुझे लगा कि कोई मेरे पीछे उपस्थित है। चौंका, क्या सच ही? और सच ही कुरते-पाजामे में आकाश में बाण की तरह खिंचे चले गये वात्स्यायन खड़े हैं, पता नहीं कब से। मुझे अपनी ओर देखते देखा, तो बोले—"सागर बाँधता है न? जन्मदिन की बधाई, अब चलिये लोग प्रतीक्षा कर रहे हैं"—ध्यान ही नहीं गया था कि तट पर अँधेरा उतर आया था और रेस्ट-हाउस के किचनवाले वार्ड की खिड़कियाँ पीला प्रकाश लिखती चमकने लगी थीं। और जब हम लोग वहाँ पहुँचे तो मालूम हुआ कि एक काव्य-गोष्ठी आयोजित है, तो उसका सन्दर्भ और प्रयोजन समझने में कोई कठिनाई नहीं हुई क्योंकि वात्स्यायनजी की आँखों में अत्यन्त क्षीण स्मिति-सी आत्मीयता अँजी हुई थी। उस दिन के कैण्डिल-लाइट-डिनर को स्वरूप तथा स्वादिष्ट मिठाइयों से जिस प्रकार संयुक्त और सुवासित किया गया था उसकी सुगन्ध और स्मृति कम-से-कम मेरे लिये तो इतिहास ही है।

इन अन्तिम दिनों में चार-छह बार तो निश्चित ही कभी इलाहाबाद विश्वविद्यालय की हीरक-जयन्ती पर, तो कभी जयपुर में या फिर वृन्दावन में केवल हमारे ही काफी लम्बे-लम्बे काव्य-पाठ हुए। एक स्थिति तो यह आ गयी कि वह अपनी कविताएँ सुनाते समय कुछ के पूर्व यह भी कह दिया करते थे कि, "यह नरेशजी को प्रिय है।" पर इससे भी अधिक मार्मिक बात तो यह थी कि दो-चार बार उन्होंने मुझे गलत पंक्ति पढ़ने पर टोक दिया होगा कि—"नहीं, पंक्ति इस प्रकार है"—सामान्यत: उनको लेकर यह आम शिकायत, जो गलत भी नहीं थी कि वह न तो स्वयं अपने से कभी कविता सुनाते हैं और न किसी को सुनाने के आग्रह की औपचारिकता या सौजन्यता दिखलाते हैं। दूसरी आदत उनमें यह थी कि वह कभी दाद नहीं दिया करते थे और यह स्थिति काफी असुविधाजनक होती थी, जैसे आप किसी मूर्ति के सामने बैठे हुए काव्य-पाठ कर रहे हैं। इन शिकायतों से वह सर्वथा मुक्त हो गये थे, कहना तो गलत होगा परन्तु पहले की अपेक्षा उनमें काफी बदलाव आ गया था। इसका एक रोचक प्रसंग याद आ रहा है। इन्हीं वर्षों में एक बार 'नवीन-जयन्ती' के सिलसिले से वात्स्यायनजी भी शाजापुर गये। मैं तो अपने चचेरे भाई के घर ठहरने चला गया पर वात्स्यायनजी डाक-बँगले में ठहराये गये। हुआ यह कि जयन्ती-समारोह जब देर रात समाप्त हुआ तो मैं घर चला आया और वह डाक-बँगले। दूसरे दिन जब दस बजे के करीब मैं डाक-बँगले पहुँचा तो देखा कि कुछ स्थानीय लेखकों से घिरे वह बरामदे में बैठे हैं। थोड़ी देर बाद जब वह और मैं अकेले रह गये तो डाक-बँगले की प्रशस्तता में चहलकदमी करते हुए मैंने उनसे पूछा कि,—"रात कोई कष्ट तो नहीं हुआ?" वह थोड़ा-सा मुस्कुराते हुए बोले कि,—"रात आप तो

अकेला छोड़ गये। यहाँ भी थोड़ा काव्य-पाठ हुआ।''—वात्स्यायनजी ने इससे अधिक कुछ नहीं कहा पर किसी से मुझे ज्ञात हुआ कि स्थानीय कवियों ने उन्हें न केवल अपनी ढेरों कविताएँ ही सुनायीं लेकिन उनसे भी देर रात तक काफी कविताएँ सुनीं। लौटते में रास्ते में मैंने थोड़े चुटकी लेते हुए कहा कि—''स्थानीय कवियों ने आपको बड़ा कवि मानते हुए भी हिन्दी का कवि ही माना, बेचारों को आपकी अप्रतिमता का कोई अन्दाजा नहीं था।'' जाहिर है कि वात्स्यायन को जवाब तो नहीं ही देना था।

कई बार लोग अनायास ही आपको विषमता में डाल देते हैं कि आप फलाँ साहब को जानते हैं इसलिए हमारा यह करवा दें, वह करवा दें। सम्बन्ध और स्थितियाँ ऐसी होती हैं कि न 'ना' कहते बनता है न 'हाँ'। हालाँकि जो प्रसंग मैं बतलाने जा रहा हूँ वह कतई आत्मपरक नहीं था बल्कि पूरी तरह मानवीय ही था फिर भी साँसत तो साँसत ही होती है। सन् तो नहीं याद पड़ रहा है पर अभी चार-पाँच बरस हुए होंगे। इलाहाबाद में बहुत अच्छे एक गीतकार थे, श्री उमाकान्त मालवीय, उनका सहसा निधन हो गया। वह ए० जी० आफिस में साधारण पद पर थे। आफिस से कर्ज लेकर दूसरों की तरह उन्होंने भी एक अदद मकान बनवाया पर इस बीच वह चल बसे। तीन-चार छोटे बच्चों की कच्ची गृहस्थी पर वज्रपात हुआ। भीषण कर्ज में परिवार एकदम डूबने की स्थिति में आ गया। उमाकान्तजी उस कार्यालय में कितने लोकप्रिय थे यह इससे पता चलता है कि वहाँ के सारे कर्मचारियों ने इस परिवार को उबारने के लिए कई प्रकार के कार्यक्रम किये और उस चन्दे से इतनी रकम जमा की जिसकी कल्पना करना मुश्किल था। इसी सन्दर्भ में आयोजक लोग मेरे पास भी आये कि अगर मैं वात्स्यायनजी से कह दूँ तो वत्सल-निधि से कुछ आर्थिक सहायता सम्भव है मिल जाये। मेरे कहने से ऐसा हो सकता है—उन लोगों का यह विश्वास ही मेरे लिये साँसत था। यह भी नहीं कह सकता था कि वह गलत सोचते हैं कि मेरे कह देने भर से ऐसा हो सकता है। लेकिन उमाकान्तजी के परिवार की दारुण विभीषिका को जानता था इसलिए मुझे लगा कि वात्स्यायनजी से कहना चाहिए। ज्यादा-से-ज्यादा मेरी बात व्यर्थ ही तो जायेगी परन्तु न कहना तो निरी अमानवीयता होगी। संयोग से उन्हीं दिनों दिल्ली जाना हुआ और वात्स्यायनजी से भेंट भी हो गयी तथा मौका देखकर मैंने इलाजी तथा वात्स्यायनजी से चर्चा चलायी। सुनकर वात्स्यायनजी

ने थोड़े रुककर मात्र इतना ही कहा—"ठीक है, जल्दी ही न्यासियों की बैठक होनेवाली है उसमें आपकी यह बात रख दी जायेगी, देखिये"—वात्स्यायनजी आम ढंग का, व्यर्थ का न तो आश्वासन ही दिया करते थे और न ही अतिरिक्त उत्साह दिखाते थे। भाषा और आचरण का एक ऐसा ठण्डापन हुआ करता था जिसके कारण उनके बारे में काफी भ्रम हो जाया करता था। मैं जब टैक्सी में बैठ गया तो इलाजी आयीं और मात्र इतना ही बोलीं—"नरेशजी, आप चिन्ता न करें, कुछ तो जरूर ही होगा।"—और जब कुछ दिनों बाद उनकी ओर से उस परिवार के लिए तीन हजार का ड्राफ्ट आया तो प्रणम्य हुआ, साथ ही चौंका भी एक गीतकार के लिए नयी कविता के पुरोधा के मन में कहीं कोई भेदभाव नहीं, क्योंकि कवि आखिर तो कवि ही होता है। विधा के भेद से कोई कैसे कवि नहीं रह जाता?

दिल्ली। कवेण्टर-लेन। अंग्रेजयुगीन एकान्त बँगला। कद्दावर पेड़ों से घिरा प्रशस्त लान और खुलापन। मार्च का कुसुममुखी महीना। चिड़ियाँ अपने परों और चोंचों में फाल्गुन ऋतु दबाये उड़ रही थीं, फुदक रही थीं। चारों ओर की शान्ति ने स्थान में एक गहरापन ला दिया था जिसमें धूप, पीत-भूषा की सम्भ्रान्तता में अपने को वहन करती फैली हुई थी। वात्स्यायन का पचहत्तरवाँ जन्मदिन बड़े ही षड्ज स्वर में आभास दे रहा था। लान में बड़ा-सा शामियाना इलाजी के उत्साह को अभिव्यक्त करता तना था। अच्छी खासी गहमागहमी थी। विभिन्न प्रकार की सुगन्धें, प्रसाधन प्रति-नमस्कार करते शामियाने में आ-जा रहे थे। साहित्य और कला-क्षेत्र के लोग ही प्रमुख थे। सिरे पर एक मंच, जिस पर कुमार गन्धर्व और सामने बैठे लोग। इलाजी ने पूर्ण विनम्र होकर कुमार की अभ्यर्थना की और वात्स्यायन ने सम्मान। इसके बाद तो वातावरण में केवल कुमार का संगीत—कभी धूप, कभी चिड़िया, कभी सुगन्ध बनकर देश-कालातीत कर गया। उपरान्त पीछे के लान में लोग टोलियाँ बनाकर गप और व्यंजन-प्रधान हो गये। इस पूरे आयोजन के किसी भी कार्यक्रम में यह प्रतीति ही नहीं होने दी गयी थी कि यह वात्स्यायनजी के पचहत्तरवें जन्मदिन के लिए आयोजित है। एक निरपेक्ष समारोह जिसे सब अपने-अपने ढंग पर समारोहित करते रहे। वात्स्यायन लोगों से मिल रहे थे, लोग उन्हें घेरे हुए थे। इस आहार-गोष्ठी के बाद लोगों से घिरे वात्स्यायनजी से मैंने विदा माँगी तो वह चौंके—"क्या आप जा रहे हैं?"—सीने तक की ऊँचाईवाली भीड़ के बीच में वह वैसे ही लग रहे थे जैसे जलाशय में खड़े हों। उनके इस पूछने में जैसे एक आदेश, पर आहत-जैसा भाव भी था कि, नहीं, अभी

नहीं जायेंगे आप। परन्तु जिस तरह बाहर, बँगले में भीड़-ही-भीड़ थी उसमें मात्र अकेले एक बने रहने का भला क्या अवसर हो ही सकता था? और फिर क्या वात्स्यायन इतने जल्द भीड़ से मुक्त होकर नितान्त हो सकते थे जो कहीं उनके मन में कल्पित रहा होगा? भला शाम तक मैं कैसे रुक सकता था, मुझे उसी रात इलाहाबाद भी जाना था। मुझे असमंजस में देखा तो जलों को ठेलते हुए भाव से भीड़ से बाहर निकलकर आये और बोले—"ठीक है, तो फिर कल सवेरे आयें"—"पर मैं तो आज ही इलाहाबाद जा रहा हूँ"—मैंने अनुभव किया कि वह अपने से ही भाषाहीन जूझ रहे हैं। शायद वह मुझे आज जाने से बरजना चाहते रहे होंगे परन्तु उनकी आधारभूत विषमता ही यह थी कि वह भाषा तक पहुँचते हमेशा मौन हो जाते रहे। अन्दर का वह सारा जूझना केवल एक शब्दवाली भाषा ही समेट सका—"अच्छा!!" और यह 'अच्छा' उस दिन तो उतना नहीं खला परन्तु समय के साथ गहराता ही चला गया। उस दिन क्या जानता था कि विदा देती और प्रणाम करती यही अन्तिम आत्मीय भाषा सुन रहा हूँ। क्योंकि इसके एक वर्ष बाद जब ४ अप्रैल, '८७ को पता चला कि वह पेड़ पर अपना घर टाँग महाप्रयाण कर गये, तो आसन्न रह गया। दो-तीन वर्ष पूर्व भी तो जयपुर से लौटकर दिल्ली में उन्होंने दो-चार दिन वृन्दावन रहने की इच्छा व्यक्त की थी परन्तु अपने स्वास्थ्य की गड़बड़ी के कारण जाना सम्भव न हो सका था। शायद हम बहुत-कुछ कहने-सुनने के अन्तिम बिन्दु पर पहुँच चुके थे, पर, जाने वह क्या था जो दोनों बार आड़े आ गया। उस दिन क्या जानता था कि कवेण्टर्स-लेन के प्रलम्ब वृक्षों के सरसरातेपन की पृष्ठभूमि में खड़े इस परम आत्मीय को फिर कभी नहीं देख सकूँगा।

•

मेरे सामने उछालें लेता उद्दाम समुद्र लहराने लगता है जिसे ब्राह्मो या मोजार्ट सिम्फनी की तरह बजा रहे हैं। समुद्र की आदिम समुद्रता में

सभ्यताओं से निरपेक्ष नीग्रो-संगीत की प्राकृतिकता, ताण्डव करती आकाश भर रही होती है—यह कौन ज्वारों घिरी चट्टान पर जल-देवता-सा अकेला बैठा हुआ सागर से अनुनय कर रहा है—यों मत छोड़ दो मुझे सागर/कहीं मुझे तोड़ दो सागर/ कहीं मुझे तोड़ दो/ मेरी दीठ को/मेरे हिये को/मेरी वासना को और मेरे मन को/मेरे कर्म को और मेरे मर्म को/ मेरे चाहे को/मेरे जिये को/मुझको/और मुझको/ और मुझको/ कहीं मुझसे जोड़ दो/यों मत छोड़ दो मुझे सागर/ यों मत छोड़ दो/—

—नमस्कार कर मुड़ा केश-कम्बली/ लेकर कम्बल गेह-गुफा को चला गया/ उठ गयी सभा/ सब अपने-अपने काम लगे/ युग पलट गया प्रिय पाठक (श्रोतागण) यों मेरी वाणी भी मौन हुई।

उज्जैन
५ अक्टूबर, '८८

•••